a r s i n c o g n i t a

智恵の系譜

ロシアの愛智の精神と大乗仏教

谷 寿美
Tani Sumi

慶應義塾大学三田哲学会叢書

目次

はじめに

三田哲学会の叢書刊行に際して、倫理学専攻に籍を置いてきた者の一人として今回執筆の機会をいただけたということは大変有難いことです。貴重なこの機会に、人間が生きるに際しての不可避の現実である「愚かさ」と、その対極的理想である「智恵」という問題から、人が各々の生活圏でどのようにそれらを考えてきたか、文化習俗や宗教、世界観は異なっても何か共通項が看取されるような視座をたとえ一つでも紹介することができればと考えています。

もうかなり前の話になりますが、ある番組の場面が記憶に残っています。中部山間部の名刹に住まうご住職が、玄関正面に掛けられた「大愚」と書かれた書を前に、自分は愚かですから、日々出かける時にはこの字を見て心を戒めて出ていくのです、というお話をされていました。二十代だった頃の私はその話がいたく気に入り、何かと失敗の多い自分も毎朝出かけていく時にそのようにしてみればもう少しましに生きられるのではと思ったものでした。しかし、その後「大愚」の掛字に出会って身近に置くこともかなわず、玄関先でそのことを思い出すこともなく、朝に慌ただしく駆け出していっては、たっぷり小愚と蒙昧を重ねて夕には気落ちしながら帰る日々を続けています。一体どこまで染みついたものやら、自分の根深い愚かさにこだわる意識は、外に向けてもまた習いとなり、人間を全般として見るにも、つい有難くない側面に目が向かってしまいます。人生には明るく楽しい側面も沢山あるわけですからそちらに目を向ければいいものを、視野に入ってくるのは、なぜか人倫に背く行為、ごく軽微なものから、過去連綿と繰り広げられてきた我のみ良かれの排他的行動において獣にも劣る蛮行を積み重ねてきた人類の負の側面です。

かつて原爆開発の際にその促進を呼びかける書簡に署名したアインシュタインは、のちに自らの同意を悔いて「無限なものに二つある、一つは宇宙、一つは人間の愚かさだ」と語ったと聞きます。マクロのレベルでの宇宙の無限についてはその可能性が考えられるだけですが、ミクロ・コスモスの人間の方はどうやら何千年の経験を経てもあまり学習効果は上がっていないようで、むしろ全体的規模のある側面では手に負えないスケールにまで肥大しているのが人の愚かさというべきかもしれません。積み重ねられてきた愚行の歴史と現実が目に入る度、自分のことは棚に上げて、なんと愚かしいことを、取り返しのつかぬことをと、時に憤懣やるかたなく身を震わせることもあるのは私一人ではないと思われます。

とはいえ、そのように愚かだと思えるのはなぜなのか。愚かではない何かと対比して、あるべき姿があると想定しているからでしょうか。求めるべき何か善きあり方、愚かさの反極としての智恵の境位については古から各文化圏、各宗教圏で語られ続けてきました。それは人の視野に常に入るわけではなく、遠き理想と扱われがちとしても、それでもなぜかその彼方の何ものかに人は心いざなわれてきました。

いざなわれる先が、真とも言えれば善きものでもあり美なるものでもあるような何か具体的な一つの憧れの対象であるとしても、それに向かおうとする人の心の傾向がより理性的論理的であったり、より実践面を重視する性格であったり、感性的直観的であったりすることによって、踏み込んでの学びの領野も分化されて成立してきました。それら真善美の三領域が哲学、倫理学、美学の専攻名として継承されてきていた人文系の大学の伝統も、組織編成と名称変更が進む中、その区分がそのまま残されている場というのは稀少となりました。そのような今は稀となった三区分の残る文学部に入って一年間の教養課程のあと、哲学か倫理学かという選択に際して、私自身は後者を選んだわけですが、それはおそらく真理に無知であることを恥じるよりも、愚かにしか生きられない自分に対する恥の感覚が常に比重を占めていて、なんとかそうではないあり方をとの願いがどこかに潜んでいたからではないかと思われます。とはいえ、憧れ願うほどに、求めるものは更に遠く、倫理的道徳的にあるべきようには到底生きることのできない自分の現実と、それでもあるべき彼方に心を向ける葛藤の中にあり続けてきました。かくあるべしときっぱりと語ってそれを生きられる人を心から尊敬しつつも、倫理的確信の欠落とその帰結としての愚かさに沈みながら生きることしかできませんでした。そのような一人の愚者を掬い取ってくれたのは、学としての倫理ではなく、諸宗教が伝えてきてくれた智恵の教えでした。

本書で私が語ろうとする智恵と愚かさの問題は、したがって、基本的には、智恵を求め続けてきた諸々の宗教的伝統の中で語られてきた事柄を、倫理道徳の視座からではなく、宗教哲学的な観点から見ていくことになります。形而上学的な観念の世界にも相当に踏み込んで、一旦は迂遠な道のりを進むことになるかもしれません。が、やがて辿り着く地点は、あるべき姿を見失いつつもなおあるべき善美を憧れ求める私たちの住まうこの世界かと考えています。

ところで、憧れ願うためには願う主体としての自分がいなければなりませんが、一方でその自分が、憧れの対象にはほど遠い自分の愚かさにこだわるとすれば、それも人の慢心であり、仏教では卑下慢《ひげまん》あるいは卑慢と称せられるそうです。それを知らず、あなたは卑慢傾向だねと言われて、音感から肥満と理解し、なるほどその通りと納得した過去の個人的な記憶はさておくとして、客観的にみても、自分が情けないとか、恥ずかしく思うということは、人間であることの強力な証左といえるのではないでしょうか。

例えば、昨今話題に上るようになってきた人工知能は、推理推論による計算能力を飛躍的に増大させて今や人知を凌駕しかねないというより、既に一部の領域では人間の知能を超えることもあるように聞いています。しかし、自らのロジックに即してかなう限りの情報を吸収しその全てを自己知として増殖的に展開を遂げていく人工知能は、そもそも質として自らとは全く異なるあり方を認知できるものでしょうか。つまり倫理性あるいは道徳的な次元でより高次のあり方を自覚したり、そうあらざる自分を恥ずかしいと思うようなことがあるのでしょうか。こうした諸々の人間感情を〝羞恥〟とする等の概念規定が入力されて、その言葉が言葉としては理解され、恥じる所作が人工知能を搭載したロボット等によって模倣されるようなことはあるかもしれませんが、その感情を引き起こす何かまでが想定されることはありえないのではと思います。恥を思い、慙愧《ざんき》に堪えないといった外なる世界と自分自身に対しての羞恥の感情に駆られるのは、そうした自分のあり方ではない状態、より善い本来的なあり方があると人が意識させられているからではないかと考えられます。

羞恥の感情を自意識と共に強く自覚するのは人間であればこそだと、そのことに着目した思想家がいます。帝政末期ロシアに活躍したウラジーミル・ソロヴィヨフ（一八五三―一九〇〇）という哲学者です。彼は『善の基礎づけ』（一八九七）という倫理学上の大作を晩年に残しました。戦前の日本にも英訳（抄訳）を介して紹介され、あるいはまた大川周明の愛読書でもあったと伝えられる書です。それを今生半可な形で紹介することはできませんが、そこではまず人間の三感情が指摘されることから始められています。動物とは異なりより低次のあり方を恥じる「羞恥」の感情に続いて、同じ地平のものの苦しみに共感する「同情（同苦）」と、上なるものへの「崇敬」の感情が、善の客観的存在を根拠づける証として語られています。善に向けての理性的判断や意志が問題とされての道徳的要請に対して、このように自然的な感情から善の問題に入っていくアプローチは大変興味深く思われます。

この人物は『カラマーゾフの兄弟』の主人公アリョーシャのみならず兄イワンの双方のモデルでもあると言われてきた人で、実際に晩年のドストエフスキー（一八二一―八一）と密接な関わりをもった青年哲学者でした。ピョートル大帝下の十八世紀から西欧の文物が流入してきた帝政ロシアにあって、哲学方面でも長らくヨーロッパの諸思想の紹介やそれに対抗しての批判的解読が主流となっていましたが、このソロヴィヨフの登場をもって、体系的構築という意味ではロシア最初の独創的哲学が語り出されることになります。

まずはスラヴ派寄りの立場から中世晩期以降の西欧哲学全般を「抽象概念の実体視」という点で一貫して批判し、翻って独自の全一的世界観を謳い上げていったのですが、その世界観については既に別の機会に紹介していますので、ここでは立ち入りません。ただその独特な形而上学的世界観の中に「ソフィア」と「世界霊魂」という概念が登場してきます。この二つの概念の関係が非常に面白いのです。というのも、この哲学者は生涯をかけてソフィア、智恵を観念としてではなく、生きた具体的な形で探求した愛智者と言えますが、その智恵を愛し求める姿勢は、西欧哲学史で学ぶような論理的理性的追求としての哲学というより、東洋の人間にとってはどこか親しみのある逆説的な表現が用いられての追求となっているからです。

私たちが今も慣れ親しむ大乗仏教的な観点は、自他を切り分け、意識によって分割される主客二元の日常世界が一体性の智恵の世界に転換されていくことを教えてくれています。しかるに、西欧的思惟のあり方を批判し、自らの非・西欧性を確信した上で語り出すその哲学者の見方には、どこか私たちの大乗的観点に通底するものがあるように思われてならないのです。勿論、仏教とキリスト教のそれぞれの宗教的文脈で育まれてきた思惟の結晶です。信念条項も、用いられる語彙も全くの異種の世界であることは言うまでもありません。ではなぜ、同じような気配が醸し出されるのか、不思議に思ってきました。長年一人で感心してきたその事柄を、どうお伝えしたらよいものか、本書ではできるだけ虚心に紹介したいと考えていますが、ただ部分に入り込むと全体は見えにくくなりますので、最初に構成の大枠のみごく簡単に見ておきます。

まず東西のはざまのロシアに生まれた彼のその主張はまだあまり知られておりませんので、前述の二概念に関して語り残された事柄から見てまいります。次に今日の私たちにとってより身近な照応する表象の一つを眺めて息抜きをした上で、大乗仏教で用いられる諸々の概念を見てまいります。そのあともう一度ソロヴィヨフに戻って、キリスト教圏での同様の視点を補足説明したあと、それぞれの見解の相違と類似、異質と同質のはざまで共振するような何ごとかに触れることができればと考えています。厳密な比較思想ということではなく、異なる視点を共に見ての差異と一致を考える一つの機会となればと願いつつ、まずはこのロシアの稀代の哲学者の見解を紹介することから始めてみたいと思います。

第一章　ソロヴィヨフの中心理念をめぐって

「ソフィア」の理念

ソロヴィヨフがその理念を語り出したのは、一八七八年にペテルブルグで赤十字とコンスタンチノープルのアギア・ソフィアの修復基金のための募金を兼ねて行われた『神人性に関する連続講義』（以下『神人論』）という講演会においてでした。六週十二回に亘って行われたその会場にはドストエフスキーやトルストイらの姿も見られ、千人を超える聴衆を集めたその講演会を通して青年哲学者の名は広く知れ渡るようになります。そこで語り出されたことは、「世界及び人類の生全体」が「神的原理と自然的原理の相互作用によって決定されてきた[1]」と見る立場で、神話及び自然宗教と啓示宗教のプロセスが一元的に一種進化論的に説明されてキリスト教に至るその意義を論じるものでした。「自然は人間を志向し」、「人類の歴史は神人へと方向づけられてきた[2]」。第一のアダムにおいて失われた人間の可能的な「神の似姿性」が第二のアダムであるイエス・キリストにおいて回復され、神の側からと人の側からの遜《へりくだ》りと自己無化による一致共働のありようが個としての神人キリストにおいて示されたとすれば、その既に与えられた神人性の真理をこそ人類全体、社会全体においてあまねく具体化すべきというのが彼の主張でした。東方キリスト教会では当たり前のこととして語られるテオーシス（神化、神成）、あるいは神と人の共働（シュネルギア）といった教会初期からの霊性に根ざしつつも、神学上の正統性には縛られることなく、哲学者としての自由な立場から人類全体の生命的刷新を高らかに掲げるものでしたが、それは易々と理解される内容ではありませんでした。特に後半部に入ると、いっそう首をかしげる人が出てきます。ソフィアの理念が語り出されてくるからです。

ソフィアという名称自体は、十世紀末にキリスト教をビザンティンから導入したキエフ・ルーシ以降、東ローマの帝都の聖ソフィア大聖堂にならって各地にソフィア聖堂を建立してきたロシアにおいてはなじみ深いものでした。旧約聖書の『箴言』第八章で語られていた創造の「御業に先立って」神から「祝別され」「生み出されていた」智恵であるヘブライ語のホクマーは、新約聖書のギリシア語圏ではソフィア（神智、上智）と訳されて、キリスト教が公認された四世紀の第一、第二公会議の頃には神の初子たるロゴス・キリストと同一視されるようになっていたと言います。ですから、その同一視の限りでソフィアが語られるとすれば、何も違和感を覚えさせるものではありませんでした。

しかるに、哲学者ソロヴィヨフは、このソフィアをそのように聖三位一体（至聖三者）

の第二位格のロゴス・キリストと一つのものとみなしつつも、また一方で、神のことば（ロゴス）の創造的な働きとは区別して、受動原理として、神の能動的な働きを受ける受動的な場、あるいは「神のからだ」として語り出します。全てを創造する神的ロゴスの「生み出す」統一の力に対し、その働きによって「生み出された」場、統一された体をソフィアとして区別して語り出したわけです。区別されているとはいえ、それぞれの概念に即して双方が切り離されて理解されたのではなく、ロゴスという指標によっても、ソフィアという指標によっても、結局は一なる全能の神の創造の営為として現れ出た全一的な神の有機体が指さされており、その生きた神のからだの中で働く作用面とその作用を受ける体を、仮に区別して語ったにすぎないと考えられます。

理念に対する誤認、概念の実体視

ところが、ソフィアという名称で受動原理を語り出すとなると、父なる神とその父から生まれた同質の子なる神（ロゴス・キリスト）の男性的な位格の内に女性性を組み込むものとの批判が当然出てまいります。というのも、キリスト教会成立の初期に教義の正統性が確立されていった際には、ソフィアという名の下に女性的母性的な神的実在者を理解するキリスト教的グノーシスの諸派が存在していました。元来神的世界にあった母なるソフィアの堕落を原因として様々この世界で苦難を経験することになった女性的な魂にやがて天から救い主《ソーテール》がといった救済神話を主知主義的に奉じていた少数派でしたが、そうした覚知的認識を重視していたグノーシス主義は、知よりも信仰を、殉教すら厭わず信ずることを重んじたキリスト教主流の正統派から異端として排斥されていきます。

ソロヴィヨフの語ったソフィアは、その名称と受動的性格からグノーシスの神話的女性神ソフィアと誤認されたと思われます。グノーシスの認識至上主義が、ソフィアであれ救い主であれ、概念ごとに自立的に分離してあるもののように思い込むことに特徴があるとすれば、ソロヴィヨフのその理念をグノーシスと批判した人々もまたそれがそれ自体としてあると見るような、いわゆる実体視の定型的な見方に嵌《はま》っていたと言えるかもしれません。とかく人が対象を認知する際によくありがちな見方ではあり、一旦固定観念と化してしまえば、その決めつけを解消することは困難であったと思われます。しかし、実は、先にも少し触れたように、そのような抽象概念の実体視をこそ批判しようとしたのがソロヴィヨフでした。自らの理念を提起するに際しても、そうした知の落とし穴を回避させようといろいろ心を砕いています。「ソフィア」と名づけられる神的な存在がそれ自身で在るというような言い方をしないことはいうまでもありませんが、文脈が変われば別の指標で言い換えて、複数名をもって一つであるそれを指さそうとしています。

「ソフィア」とその同体を指す指示語

言い換えられた言葉を一部のみ挙げておけば、まずソフィアは哲学者においても基本的にはロゴスと同一の「神のからだ」を指すものと考えられていました。御子キリストは、父なる神と永遠に共なる先在の「ロゴス（ことば）」であると福音書成立の頃から思い定められ、キリスト教公認後の公会議では、イエスは人でありつつも「真の神」であるとの神人性に関する教理的骨格が定まっていきました。ですから、ソロヴィヨフのいう「神のからだ」、つまり、一なる全能の神の創造の営為として現れ出た全一的な神の有機体は、当然「キリストのからだ」とも呼ばれます。また「キリストのからだ」はパウロ以来キリストを頭とし信徒を肢体としてのエクレシア、つまり信仰共同体としての「教会」を指していますから、「教会」とも、あるいは「神の国」としても語られます。ただ天上的な域と地上的な域を含むそれらは特に後者の地上的な人間存在との関わりの方で問題となります。あるいはまた「理想的人類」といった語もソフィアと同義語として用いられていますが、その方面には深入りせず、ここではソフィア以外の同体を指す語として挙げてさほど違和感のない語にのみ留めておきます。とはいえ、そのように複数の名をもって指さされるものでありながら、指が向けられるその先にあるのは、唯一つの全一的な生命体であるということ、それはこのソフィアという呼称に限ることではなかったといえます。

実際、彼のソフィアの理念は関心を集めやすい指示語ではあり、この語を中心として見れば、その意味内容は多義的ということになりますが、多義的な指示語を可能とする「有機的なからだ」の内実にあるのは、一言でいえば「神人性」の理念です。そもそも「神人性」の哲学者と呼ばれたソロヴィヨフでした。その理念は、第一回のニカイア公会議（三二五）において「真《まこと》の神であり、真《まこと》の人である」と宣言されたイエス・キリストの「神性」と「人性」が、その具体的な個においてどのような関係にあるかが問題になった際に、両本性が切り離されることなく、混同されることなく一致していると、第四回のカルケドン公会議（四五一）にかけてその輪郭線が描かれていった教理の大枠に則して提起されたものでした。キリストを「真の神」とも「真の人」とも語って神人とみなすのは、「神であること」と「人であること」、天上的な事柄と地上的な事柄をそれぞれ別地平のことと分離して見ることによっては不可能です。つまり区別される事柄を概念通りそれぞれ別のものとして対象化して見てしまう見地からは、神性と人性の一致の教理は成り立たなかったはずです。あるいはまた、神の三位一体性の教理も、父と子と聖霊の三つの位格がそれぞれの名を冠せられた別個の自立的実体として分離されて考えられたならば、その一体性の側面は成り立たないことになります。

第四回の公会議までに宣唱された事柄は、そこに至るまでの帝国の権力闘争と教会間の勢力抗争がからみあっての熾烈なまでの歴史的経緯の必然として説明されることもあります。が、とにもかくにもカルケドンに至るまでに教会が、グノーシスの知性優位を明確に排し、合理的解釈を斥けて、神人キリストの両性の二にして一、神の三位一体性の三にして一という、ある意味での逆理を、人知に対しては理に背く視点を正統としていったことは事実であり、キリスト教教理の根幹はまさにそこに姿を現したわけです。信仰による以外に把握のすべはないとされてきたこうした神学的問題に深入りするつもりはありませんが、少なくとも、名付けられたものがそれ自体としてそれぞれ分離してあると見る見方が教会において、厳密にはカルケドン信経を承認した東方と西方の主流派の教会において、斥けられてきたことは確かです。ソロヴィヨフが自らの主張の基本軸とした概念や名称の実体視を戒める精神は、そのようなキリスト教の教理を成立させてきた根本精神から出てきたものであるとは十分に考えられるのです。

二本性の一致としての神人性

神性と人性が混同されず分離されることなく一致しているとの神人性の教理確定に向け

て歩んでいった四、五世紀の神学的営みについては近年改めて見直されるようになっています。もちろん東方キリスト教圏では、四世紀のカッパドキアの三教父から七世紀の証聖者マクシモスらに至るギリシア教父に捧げられる敬愛の念が今日もかつてと同じようであることはいうまでもありません。が、東方圏以外でもその英知の尽きせぬ深みに惹かれる人々が少なからず出てきている、というのは、やはり近代以降の人間理性による合理化が波及した現状に対して何かしら思うところのある人々が出現しているということかもしれません。推理推論をよくする人知に重きが置かれ、その理に合わざるものが捨象されてきた結果として、キリストを理解するにも、イエスは人であろう、神でもあるなどということは神格視への願いの最たる表明にすぎない、等と解釈して、神人性を軽視する傾向も出てきます。ただこうした合理的知解を好む傾向は単に近現代に頻出する問題ではなく、教理問題に揺れた時代にも人性を重視して神性との同質をあまり顧みないような傾向は抑え難く続いていた見方でした。

しかしながら、教会の主流派はキリストの神人性を、両性の一致を、それがどんなに理に背く事柄であれ、宣言採択していったということで、そのことはやはり極めて意義あることと思われてなりません。それのみを真理とする信仰者の立場から見てということではなく、またそれが教会の大勢の正統教理とされているからという理由からでもなく、異別の背反する二つの本性が一人の具体的な個（ペルソナ、ヒュポスタシス）において一致しているとのあり方を信ずべきとされていったことには、単にキリスト教世界のみの奥義という以上に、見るべき何かしらが想像されるからです。

同時代の別地域では

ちなみに、キリスト教の教理の核心部がアレキサンドリア、カッパドキア、アンティオキアのそれぞれの教派的プロセスを経て形成されていった二世紀からの数世紀間は、異なる地域に目を転ずれば、仏教圏インドでも壮大緻密な英知が見事に結晶化されていった時代でした。紀元前後から発生した大乗仏教運動は、三世紀頃の南インドの竜樹《りゅうじゅ》による中観思想と、五世紀頃ガンダーラに生を受けた無著《むじゃく》及び世親《せしん》の兄弟らによる唯識思想の二つの至宝を得て、更なる論争的調整を経て表現形式が整えられ、教学的完成への礎が築き上げられていきました。地中海世界のキリスト教圏とインド発祥の大乗仏教圏に途方もない宗教的天才が綺羅星のごとく輩出した時代でありました。彼らによって語り出された英知のありようをこそ今もう一度見直すべき時ではないかと個人的には思われてならず、そのことに僅かでも触れておければとの願いが、本稿の秘められた推進力になっています。というのも、その時代に集中的に論議され、地下水脈のようにして脈々と流れ続け、時に人を得て表出してきた英知の言葉は、これからの世界において差し迫る諸々の課題とも無縁ではないと思われるからです。そのような智恵、ソフィアに参じようとした一人に、東西のはざま、ロシアに生まれた哲学者も数え入れられるに違いありません。私たちに比較的近い十九世紀後半に登場した人物ながら、その主張の内奥には十四、五世紀前に語るべき英知を語り合った古人の意欲が息づいているように思われます。表現形式は変わっても本質的には変わっていないその智恵をめぐる視座は、またキリスト教圏と東洋の宗教圏の相違にもかかわらず、総体としての生命世界の全一的な理解に入るための一つの鍵として普遍性を備え、何らか示唆を与える可能性があるのではと考えられることからこの論を始めています。少し回り道となりましたが、ロシアで提起されたその問題に戻りたいと思います。

個と普遍、全地にあまねく及ぶ教会の理想

神の母マリアを介して受肉したとされる先在のロゴス・キリストがイエスという肉体を備えた個人であったのみならず、普遍的な人性、あるいは全人類に及ぶものとして第二のアダムとも呼ばれ、創世の初めに造られた第一のアダム（やはり個であり集合的存在）が犯した罪を償って十字架上で贖罪のわざを果たし、人類の救済者とみなされてきたその伝統

的な理解については改めていうまでもないことですが、神人が個であり且つ普遍であるというときのその普遍性の方を特に強調的に語り出していったのがソロヴィヨフであったといえます。個としての神人イエス・キリストにおいて具体化された神と人の共働（シュネルギア）を既に倣うべきひな形として、恵みとして贈られた人類は、その「神人性」のありようを各領域で普遍的に実現すべきというのがその主張であり、そのような全体としての神人性の具体化を語り出す際に「ソフィア」の理念は登場してくることになります。神のことば（ロゴス）が働く全一的な場において、「キリストのからだ」であるそれがこの地上あまねく全てに具体化され、「全地普遍教会」（вселенский церковь）として輝きだす日を夢みたのです。

その意味で、東西の分裂状態にある教会の再統合を訴えて、果敢にロシアにあってカトリック教会を擁護する側にも立ったのですが、神人がまず神の側からの降下、遜《へりくだ》りをもってはじまり、次にイエスの人としての自己犠牲をもって成立したように、神的原理を温存してきた東方正教会の側からまず教皇権を承認すべきとの見解は、当時ローマ・カトリックが敵視されていた専制ロシアにあっては背信、転向とみなされて非難の集中攻撃を蒙ります。のみならず、最初は歓迎していたカトリック世界でも、教皇権を至上目的とするのではない彼の普遍性の意味が明らかになるにつれて評価が変わります。例えば『ロシアと普遍教会』（*La Russie et L'Église universelle*, 1889）は故国では発表の手段がなくパリで出版するしかなかった仏語作品ですが、その第三部では彼独自の教会論の根拠としてのユニークなソフィア論が展開されていました。パリ近郊で一気呵成に書きあげられ、ソロヴィヨフの形而上学的構想の核心部の表明として極めて重要な意味を持つ論述ですが、当時の彼のカトリックの知友には全く理解されず、神秘的夢想として一蹴されて終わりました。

被造世界を含む神的全一性の確信

現に分裂状態の何かしらの再統合を語る者が両側から否認されることはよくありがちなことですが、しかしどれほど非とされてもその見解を、ソフィアの理念を彼は最後まで捨て去ることはありませんでした。というのも、それは彼自身のゆるぎない体験的確信に根ざすものであったからです。九歳の折にキリスト昇天祭の奉神礼のさなかに突如その視野に広がった瑠璃色の光の中に現れた「永遠の友」は少年の心に深い刻印を残し、やがてモスクワ大学助教授として英国図書館ですごしていた際にその顔を、三度目には最終的な出会いとして、カイロ近郊の砂漠に倒れ伏す哲学者にその全体像を現したと伝えられています。亡くなる二年前に人生で最重要な出来事を回顧しつつ書かれた長編詩によれば、その折彼の眼に映ったのは「海も川も」「彼方の森も」「雪を被った山の頂きも」それぞれ区別されつつも浸透し合って、「全て」が「その大いさにおいて限り知れない」「ただ一人の女性の美しい姿」[3]の中に一体となっていた有様であったといいます。

少年の頃から「友」として感受されていた一人の天上的神的な女性の形象の内に「全てを見た」との確信は、やがて「全一」ないし「全一性」の理念として、彼の哲学的形而上学的世界観の至るところで表明されることになります。この理念は、神の三位一体性の問題にも当然及んで、「全一としての神の三位一体性」が『神人論』の中で語り出されることになります。彼の理解においては、神、すなわち絶対者は、全と一の二極性（後述）において捉えられるべきものでした。また「ソフィア」も、先に見たように、三一性において、第二位格のロゴス・キリストと同体視される神の生命の場、有機的全一的な「神のからだ」として論じられることになります。つまり、彼がそこで指さそうと試みたのは、被造的な「全て」を含む神の働きの場であり、相対的な諸存在を含んでこその神的な統一性の問題でした。この「神のからだ」である側面への言及、いわば神の内なる質料面に改めて光を当てようとしているその努力は、実はキリスト教形而上学において少なからぬ意味を持つものと考えられます。そこで改めて言挙げされた神の受動的なからだの問題は、創造の無限に豊かな多様性の側面を、一性と等格に扱って、無尽蔵の多あってこその神的統一であることを、つまり全て（汎pan）あってこその一（hen）であることを思い起こさせてくれるからです。彼のその思想の意義はそのように被造世界の相対的な多を含む「神のからだ」を改めて言挙げしている点にあると言ってよいのではないかと思われます。

ソフィアと世界霊魂の同一視とその背反的区別

しかしながら、この哲学者の「ソフィア」の概念境界の一筋縄ではいかないところは、ここで見てきたキリストのからだ、教会といった、人間に関わって地上的でありつつもまた深く永遠の域に根ざしている諸理念の枠にとどまらないところにあります。ロゴス・キリストと同体視される神的なソフィアが、同時により質料的地上的な「世界霊魂」と同一視されている場合が見いだされるからです。二十代の代表作『神人論』においては、世界霊魂は「全ての生き物の生の中心」であって、「生命存在の純然たる主体[4]」であると同時に「神的な働きの現実的な客体」でもあり、自然的存在と神的存在の中間に場を占める媒介者とされています。自らの内に二面性を有する世界霊魂は元来無記で、自然と神のどちらからも自由な存在として「自らの内的な働きをはじめる可能性」と、「自らの生の志向の対象を自ら選び取る」能力を持っていると考えられています。志向の対象を神的な源に向け、それに服する限りは、世界霊魂は「神的な全一性をその身に担うもの」です。つまり、

「ロゴスによって規定される限りは、世界霊魂は、人類——キリストという神的な人間——であり、キリストのからだ、もしくはソフィアである」と、ここでは条件付きで世界霊魂とソフィアが同一視されています。

ところが、別文脈に入ると、世界霊魂は「現在自らの自己肯定において神から離れてしまっている(5)」と語られます。「自分の意志を自らにとどめ、自分自身に集中し」、「神の外に自己を肯定する」ことを欲した結果、それは「神的な中心から多数の被造物の周辺に」とどまっているというのです。そのような世界霊魂の離反と共に、「有機体の個々の要素もその共通の絆を失い」、恣意的な欲望に各々身を委ねて、「利己的な存在へと運命づけられることになってしまった」というわけで、いわば世界霊魂は現今の世界の個々に分かれた生命形態がそれぞれ自己保存と欲望に駆られて相克紛糾するあり方の原因と考えられており、明らかにそれはソフィアの神的全一的調和状態とは正反対であるわけです。

しかるにまた、別個所では無条件で「世界霊魂もしくは理想的な人類（ソフィア）」と同一視される場合も『神人論』では見いだされます。重なり合う複数の観点の乱麻を解いてその二律背反の詳細をここで説明することは省きますが、要するに、神的な域そのものにある「神の永遠のからだ」であるソフィアが、「万有の有機体」として全ての生命存在の生の中心である世界霊魂ともまた同体とみなされており、同時にその世界霊魂が今は神的中心から離れているとみなされるとすれば、神と不可分であるはずのものが、また神と異なり反するものでもあるということになります。述べられた事柄を字義通り追っていけば必ず絶句し立ち止まることになる彼のソフィアの理念をめぐる両義性は、彼の思想を難解にさせ、批判の対象となっている最大のポイントではあります。合理的に跡付けようとすれば必ず非合理に至るそのメビウスの輪のような二面性は、しかしながら、実はその思想のもっとも繊細な核心部分であり、西欧型の分析的理性によっては単なる自己矛盾のまま放置されていると断定されかねないとしても、東洋の諸思想から見れば、見るべき大切な観点はそこにあります。むしろその矛盾的共存こそ必然であって、不可避不可欠な二律背反であることはよく見ていくならば見えてくるはずです。

『ロシアと普遍教会』におけるソフィアと世界霊魂

ソロヴィヨフ自身が二十代半ばの『神人論』で述べたソフィアと世界霊魂の概念規定を未整理のままにしておくのではなく確かに語り直しておきたいと考えたのでしょう。講演会からほぼ十年後にパリで出版するしかなかった前述の『ロシアと普遍教会』では、この二つの概念の差異と一体性の関係をより明確に語り出そうとしています。それが彼の最終的な見解となりますので、こちらを多少とも丁寧に見ておきたいと思います。十年の間には教会史全体を視野に収めるのみならず、既知の古典語に加え、ユダヤ人教師から聖書ヘブライ語を習得した哲学者のその仏語作品の中では、『創世記』、『箴言』等の聖書原文解釈を踏まえた上での智恵の問題が論じられています。新約に入って神の初子たるキリストと同一視されるとはいえ、まずは旧約に記されていた際には、創造に先立つ被造世界の範型として、大地や天が「その位置に備え」られる際に「そこにいた」（『箴言』八・二二―三一）と記されている智恵ホクマーが、「単に神の絶対的な存在、あるいは実体の本質的で現実的な全一性（uni-totalité）を表現するのみならず、この世界において分割され断片化された諸存在を統一する潜勢力をも自らの内に含んでいる」ことが指摘されています。「智恵が神における万物の完成された統一でありつつ、また神と神ならざるものとの統一ともなる」[6]。二重性を有するものであることがやはりここでも強調的に語られています。「神ならざるもの」と訳した extra-divines は「神的なものの外」等とも訳されることができますが、神的な域外、神以外のものについてどのようなものと主張されているか、少し見ておきましょう。永遠不変の絶対的善の神の創造行為によってなぜ可変的な悪を生じさせる相対的被造世界が造られたかという問題に連なるものです。

神は、神が永遠からそうであるところのもの、即ち、絶対的な全てであるものに漸進的に成っていくもう一つ別の自然本性（nature）が、自らの外にあることを望む。神的な全体性に自ら達するために、神との自由で相互的な関わりに入るために、この自然本性は神から分かたれたものでなければならないが、また同時に神と結び付けられたものでなければならない(7)。

神によって創造された「もう一つ別の自然本性」が、「神から分かたれ」神の外にありながらも「神との自由で相互的な関わりに入る」といった言い方、あるいは別文脈での「創造主と被造物との完全に全面的に具体化された一致(8)」といった語り口は、初期教会教父やギリシア教父の伝統を守ってきた東方正教会の思想的血脈を想起させます。その血脈は一九世紀の哲学者をしても語らせます。「もしその全能性と真理性において、神が全てであるなら、その愛において、神は全てが神であるようにと望む」と(9)。しかしながら、その「神の外」、神的域外の被造世界の全てがこの哲学者によってどのように考えられているかというと、次のように語られるのです。

神性という観念そのものを否認することを望まないとすれば、神の外に独立した現実的で積極的な存在を認めるわけにはいかない。それゆえ、神の外のもの（神以外のもの）とは、置き変えられ、裏返された神的なもの（*le divin tranposé ou renversé*）という以外にあり得ない[10]。

「置き換えられ、裏返された神的なもの」とはどういうことかというと、神的世界においては「全てが同時に一（**omnia simul in uno**）」であるのに対し、神ならざる世界では、「個々のものの外に全て」があり、「各部分は残りの全ての部分から切り離されている[11]」。つまり、延長や時間的契機、因果関係といった他律の支配下では互いが互いを押しのけあい、自身に存在を得ようとして排他的状態にありますが、それは、全てが補い合って調和的一をなしている神的世界のまさに裏返し、顚倒した状態だというのです。

ただし、前にも述べたように、その顚倒した世界が独立して存在しているわけではありません。つまり時空間の表象感覚で区別されるような内外の外、神の外に「神ならざるもの」が自立的に存在しているわけではなく、それはあくまで「ただ神的な全体性の見せかけの様相、もしくは幻覚的な表象にすぎない[12]」とこの哲学者は考えるわけです。世界は夢幻のごとく移ろいゆくとしても、夢幻が描かれているということは、それを描き出す表象主体があるはず、これを彼は「世界霊魂」とみなしていきます。

この霊魂が生み出そうと努める世界、――それは細分化され分裂し、そして純粋に外的な関係による以外に維持されない全体であるが――、そのような世界が神的全体性の対立物であり、裏面であるように、世界霊魂自身は、神の本質的な智恵の対立物であり、その逆の類型である。この世界霊魂は造られたものであり、全ての被造物の内の第一のものであり、第一質料（materia prima）であり、創造された私たちの世界の真の基体（substratum）である。(13)

この世界霊魂がまた「二重の可変的な特性」を持つといいます。一方は「虚構の視点に立脚して」「神の外で自分のために存在しようとする」特性。他方は「自己無化して、自由に神のことばと結びつき、全ての被造物を完全な統一に導いて、永遠の神智と一致する(14)」際の基体となる可能的特性。そして、後者の特性が活性化される時には、神智ソフィアは「世界霊魂を持続的に高めつつ、次第に自分との一体化を完成させる(15)」といいます。つまり、今はエゴイスティックな自然欲求もあらわな弱肉強食の多様な存在者の相克関係を常態としている世界霊魂であるとはいえ、それは変わり得る、全てが調和的な補完関係を見せる神的統一体ソフィアに転ずる可能性を持っているというのです。逆のあり方を呈しつつも、それでも世界霊魂はソフィアに成りゆく潜在能力を有し、対するにソフィアは世の初めに先立って完成されている現実態、神的統一体です。時間性の中で細分化され生成変化する自然的多数者と、永遠の神的一者のこの相反する存在位相の二を、この哲学者は不可分の一体関係に考えているのです。

背反する二概念の一致

先にはソフィアの双面性を指摘しました。神から直接生み出された神自身の内容であって、神的且つ永遠不変でありながら、また神ならざる被造的一切の範型を内蔵して相対的多と抜き差しならぬ関わりを持つという二面性でした。そして世界霊魂についてもまた「二重の可変的特性」が語り出されたわけです。神ならざる被造世界の混沌たる生命現象の統括主体として今は細分化と対立の只中にあるとしても、互いに相争うその分裂状態を超え出んとすることへの志向性を反面では抱き続けているという二つの相貌であり、つまりはそれぞれが双面性を備えているということになります。決して明快に概念分析されているというわけではありませんが、それでも『ロシアと普遍教会』においては、仮象主体としての世界霊魂と本質実体のソフィアの区別が優先的に説明されていて『神人論』よりは納得できるものがあります。

とはいえ、表裏のように区別立てられるとしてもまた同時に一体のものとみなされているることも確かであり、このソフィアと世界霊魂の二にして一であることは、あれかこれかの理性的論理的な思考の枠組みを踏襲する限りは理解し難いものです。いうなれば、他を排除しても自己を優先させる個々の欲望の生のあり方を支えている現今の世界霊魂と、全一的な調和状態にある智恵が、全くの裏返しでありながらも一つだといっているその形而上学的構想を一体どのように把握したらよいというのでしょうか。単なる論理的矛盾と切り捨てることもできず、未消化のまま行き暮れていた視野にふと光明のように射し込んできたのは、日本に伝承された大乗仏教の視点でした。

＊　＊　＊

表象を一つ

しかし、そこに入る前に少し息抜きしていただこうかと思います。アニメの話です。生気のないものに生魂《アニマ》が宿るかのように動かして見せるそのアニメーションを見た時、ああこれはソロヴィヨフの双面的な概念の理解を促すイメージとして秀逸ではと思ったものでした。宮崎駿監督の作品の中でも記録的な観客数を動員したといわれる『千と千尋の神隠し』(二〇〇一)です。この作品の中には「中道」の文字が何度か見え隠れしています。私自身はその言葉に気づくまでは、面白くても所詮アニメはアニメ、単なる十二歳の女の子の冒険譚と思い込んでいました。同じように様々な出会いを経験しつつ修行していく子供の話でも、例えば、華厳経入法界品《けごんきょうにゅうほっかいぼん》に登場する善財童子《ぜんざいどうじ》のように、自ら発心し仏道修行の階梯を踏み、その行程が五十三次の由来ともなった智恵を教える仏法の説話とはやはり違うだろう、とも。とはいえ、今私たちの心を摑むのはもはや聖性の見本の善財童子ではなく、世俗の物語として面白い動画表象です。何億もの人がそれを見るために日本だけでなく世界中で上映館の前に列をなしたと聞いています。その現象は隠されていた何が現れ出ようとしてのことであったのでしょうか。映画論として語るつもりはありませんので、改めて紹介するまでもとは思われますが、未見の方のためにあらすじをごく簡単に。

父親の転勤で慣れ親しんだ生活の場から新しい土地に行く途中で、主人公千尋はなぜか異次元の世界に踏み込んでしまいます。異界への門をくぐると、そこは人間界とは異なる秩序が支配する世界で、両親を見失い、後戻りすることができなくなった千尋は、否応無くその不思議な世界で生き抜くことを迫られます。日常生活の場面から何気なく境界を超えて入り込んでしまった世界は、現実世界とかけ離れていますが、全く違うというわけでもなく、日常を陽の、表側に現れ出ている側とすれば、裏側で普段は隠されているものの、また表と切り離しがたくつながっている世界です。陽が落ちると、それまで見えなかったその世界の存在が陰のように動き出し活動を始めます。人間世界では通用していた世間知や虚飾がはぎとられ、各々の本質的な願いや欲求があらわにされてしまうその世界に入り込んで、混乱しつつもやがて千尋は眼前にたちはだかる建物の中に歩みを進めていきます。

生命活性化の場

その巨大な館は湯屋と呼ばれ、現実世界で働く八百万《やおよろず》の神霊諸霊が日々の働きの疲れを癒しにやって来る場として描かれています。顕界から大船に乗って川を渡ってきた一同は、その湯屋で汚れを落とし、宴に興じ、再び活力を得て元の世界に戻って行くわけです。現世での濁り淀みをそれぞれに背負って訪れる諸々の生命を再生、活性化する場所であって、それは「全ての生き物の生の中心」とされる「世界霊魂」のように、集合的な生命の賦活原理が息づく場のようにも思えます。現実の世界とは違うけれどもどこかこの世と似通う道理と秩序でその湯屋を営み君臨しているのが一人の奇怪な老婆で、金銭欲や所有欲、支配欲の権化として、彼女は手下の様々な生き物を威圧し利用し搾取しつつもまた、働くことを願う者にはその場を与える元締として描かれています。配下で働く者たちもまたそれぞれの欲望をもって自立的に行動しており、我が身可愛さの本音を包み隠さずに働くものの、それはそれなりに和して相働きあっての世界が構築されています。しかるに、一旦、事あればなだれを打って欲望が渦巻き、金塊を争って騒然たる様相を呈することにもなり、要するに、そこは欲望が根本的な組成原理となっている場といえます。その場の統括者である老婆は、あたかも「自らの生の志向の対象を自ら選び取る」能力を「自分自身に集中して」いるような強欲な〝グレートマザー〟として描かれています。魔力を使い、強圧的に司る主なのですが、また時折変身して密かにどこかに出かけては戻ってくるというような不思議な一面も見せます。

双子の老婆

ところが、その老婆には双子の姉がいることが、やがて物語の後半で明らかになります。

主人公の千尋が、その異界に入り込んだ自分を助けてくれた少年のために、その老婆の双子の姉に会いに出かけるのですが、その出かける際に乗っていく電車の行き先プレートが「中道」です。かつては往還があったが、今は戻りが消えたという「中道」行きの電車に乗って、千尋はその老婆の片割れが住むという所に向かいます。その電車に乗り合わせていた実体の無い影のような者たちがそれぞれの魂の故郷に帰るようにもして次々と降りていき、やがて日暮れて千尋たちが降り立ったところは、静まり返った森の中でした。双子の姉の方は、欲の世界で生きる妹と見かけはまったく同じでも、性格は反対で、慎ましく穏やかに暮らしている、とはいえ一旦事あれば積極的に行動に移る智恵ある主人のように描かれています。強欲な妹がどんなに罵倒しようが最終的には抗い超えることのできないその姉を訪ねることによって問題の解決を得て、再び湯屋の世界の前に降り立った千尋は、いつしか度胸も智恵も備わっており、最後に課せられた試みをも難なくパスして、再び元の現実世界に両親と共に戻ることができるという結末ですが、ここで場面設定を振り返りつつ、見どころを改めて指摘しておきたいと思います。

見どころをいくつか

まず私たちの世界を表に現れた側、現象している側とした際に、裏で日常的な目には隠されているものの、また切り離し難くつながっている世界があるということ、いわゆる顕界に対する冥界、現し世に対する隠り世的な世界があるということについては、古今東西の神話等で語られている事柄であって、そのこと自体は特に興味深いことではありません。見るべきところは、そこで描かれている日常の目に隠された世界が、単にひっそりした幽冥界というのではなく、現実の世界のように、あるいは現実以上に闊達な生命（魂）の活動の場として描かれていることでしょうか。生命活動を担う基体、あるいは活動の主体となるものが多種多様な神霊や魂として表象されていて、たとえば、現世で名のある川の主は、人間の廃棄物で腐臭を放つ姿で湯屋に辿り着きますが、薬湯で清められたあと、再び老いたる川の神、龍神としての威厳を取り戻して顕界に戻って行きます。そのように顕界であれ、隠り世であれ、それぞれ役割を担い働く魂や神霊達の寄り合いどころのようにして、集まる諸々の活動主体に賦活力を与え、本来性を取り戻させる生命（魂）の営みの場が想定されているわけです。隠り世の湯屋としてイメージされたその場が、自由奔放な生命力の発現の場として賑々《にぎにぎ》しく表現されている点が面白く思われます。

その賑わう生命性と関わることで、そこでの生（魂）の営みが欲求欲望を根本の原動力として成り立っている点を、描写の見るべき第二点と指摘しておいてよいでしょう。牢名主のごとき老婆の支配下、いわば欲の檻から出るに出られぬ魂たちが寄り集まって一つの有機体を形成しているのですが、時にその全体が盲目的な衝動に突き動かされ、喜怒哀楽のるつぼと化して大混乱をきたす様子は、私たちの世界で欲望の過剰故に時折生じる事態を、すなわちこの世界の一つの相貌である欲界としての側面を凝縮して描写しているようにも思われます。

とはいえその欲望の世界で働いている者全てがそのあり方をよしとしているかというとそうではないという風に描かれている点も興味深く思われます。いずれそこを出たいと願って彼方に目を向ける者もおり、目が向けられる先にはもはや欲に動かされる世界ではない、何か幽玄な奥深い世界の存在が、視界一杯に満ち満ちた水の彼方に暗示されています。

物語の終わりの方ではその隠された世界の片鱗が描かれるわけですが、この点がまた第三に見るべき設定といえましょう。つまり、隠り世においてまずあらわに顕れ出ているのは欲望の組織体としても、それとは異なる対極的なありようの世界が、更にその奥に秘められつながっているとイメージされている点です。欲に駆られる世界と、欲を超脱した静寂の境域の世界、二つの世界があって二つは全く違うけれども切り離すことができない、そのことを象徴しているのが、双子の老婆で、一方は欲望の牙城に住み、片方の姉は静謐の中に慎ましく住む。二人の老婆がいるようで、また極端な双面性をもった一人の老婆のようでもある。二にして一、一にして二の不思議な関係性がミステリアスに描かれています。

　更にもう一点指摘しておくなら、欲望の世界から静謐の世界へとつないでいる「中道」行きの路面電車について、その道自体が「中道」と呼ばれているのではなく、つまり異なる領域をつなぐ中間の道ではなく、どこにあるのかわからないような「中道」という彼方の目的地を掲げて電車が走り去っていくという点も注意すべきかと思われます。このアニメの絵コンテの段階では、その表示が「高速」になっていた点を考えると、「中道」とされたのは必ずしも明確な理念の下になされたのではないようですが、もしさほど意識的でなくこの語が選ばれたとすれば、より一層興味深い事態といえるかもしれません。確かにこの作品を通して、生への欲求もあらわに他を支配し自己を優先させる老婆を呆れ見て、汚泥を金と思い込む「虚構の視点に立って」一喜一憂するその姿を愚かと笑いつつも、やがてその欲望の牙城を脱して彼方に赴くことへの憧れを語る働き手にいつしか心が寄り添い、眼前に続く線路の行方を自分も眺めてしまうというのは万国共通の共感のポイントといえるのでしょう。が、その対極的な世界のつながりを思わせる路面電車のプレートに行先としての「中道」が掲げられた点は、日本で制作された作品であるからこそかもしれません。その語の使用には、大乗仏教を通して日本人の心の深層部に染み込んでいるものが意図せずして表出してきているのではないかと考えられるからです。

注

（1）ソロヴィヨフ全集第三巻『神人性に関する連続講義』Соч., 3, стр. 167.

（2）『人生の霊的基礎』第二部第一章 Соч., 3, стр. 366.

（3）亡くなる二年前に書かれた『三度の邂逅』という長編詩の内容。

（4）『神人性に関する連続講義』Соч., 3, стр. 140–141.

（5）Соч., 3, стр. 142.

（6）Vladimir Soloviev, *La Russie et l'Église universelle*, in *LA SOPHIA et les autres écrits français*, L'age d'Homme, Lausanne, 1978, p. 257.

（7）Ibid. p. 252.

（8）Ibid. p. 257.

（9）Ibid. p. 252.

（10）Ibid. p. 254.

（11）Ibid. p. 253.

（12）Ibid. p. 254.

（13）Ibid. p. 254

（14）Ibid. p. 254.

（15）Ibid. p. 257.

第二章　大乗仏教における二にして一、あるいは、一に非ず二に非ずの視座

『大乗起信論』の「迷い」と「悟り」

　仏教、特に北伝で日本に伝えられた大乗仏教の精神は、欲念にまみれるあり方の愚かしさを「迷い」として、それとは対極的な智恵のあり方を「悟り」として、その正反対が決して単純に離れた二ではないことを教えてくれています。『千と千尋の神隠し』に登場する強欲な妹と思慮深い姉の描写を見て、生き方において全く異なる二者があるようで、その二はつながり切り離し得ない一のようでもあるその設定から強く想起されてきたのは、『大乗起信論』でした。この書はその成立からしてインドか中国か、それすら明確な見解が長らく示されてこなかったにもかかわらず、六世紀半ばの中国から現代日本に至るまで、大乗仏教の入門書として人々の心をとらえ続けてきた論書といわれています。多くの注釈書や研究書が蓄積されてきているこの論について、専門家でない者が簡略に説明して的を射るはずもありません。ただ第一章で概略的に紹介したソロヴィヨフのソフィアと世界霊魂のあとに、『大乗起信論』に出てくる双面的な概念を極力単純化して紹介したいと考えており、そのために必要な特徴的な観点を見ていくばかりです。『起信論』の理解として

は極めて限定されたものになりますが、許される範囲でその観点に至る論理をも見ておきたい、というのは、先にはキリスト教、次に仏教から概念だけを抽出して対比しても意味があるとは思えないからです。やはりそれぞれの文脈を極力追って説明するという形をとりたいと思います。その結果、単なる異種の思想の並列と思われて終わる可能性もありますが、類似点をこれとそれといった形であらわに開いて示すようなことは避け、ただそれぞれの思索の結節点となる概念の指標が何を内容としているかを、提示しておきたいと思っています。

一心、その双面性

『大乗起信論』の教えを簡単に要約して、昔から「一心、二門、三大」ということが言われます。実践面の項目としての「四信、五行」も語られますが、ここでは「一心、二門」のみ取り上げたいと思います。

「一心」とは『大乗起信論』では「衆生心《しゅじょうしん》」ともいわれ、ありとあらゆる一切を包摂する全てであって一であるものを指す概念、いわば全一的な概念です。この「一心」、または「衆生心」は本来分割されない一、でありながら、また見方によって二種の捉え方ができるというのです。「心真如門《しんしんにょもん》」と「心生滅門《しんしょうめつもん》」の二種です。現代語訳（池田魯参訳）では、「心真如門」は「人々の心の真実のあり方」と訳されており、これは「不生不滅」、つまり生じたり滅したりすることのない永遠の真実のありよう、心の本来的なあり方です。他方、「心生滅門」の方は「人々の心の迷妄のあり方」[1]と訳されており、生じたり滅したり、うたかた現れては消える諸現象に心を動かし、仮象に翻弄される迷いのあり方です。変わることのない真実の心のあり方と、有為転変に翻弄される迷妄の心のあり方と、この双面的な二はいずれも内に全ての存在をおさめており、いわば全一的なありようの二門が、それぞれに全く対蹠的なあり方ながら互いに切り離すことができないというのです。

一心の法に依って二種の門あり。云何《いか》んが二となすや。一には心の真如の門、二には心の生滅の門なり。是の二種の門は皆各々一切の法を総摂す。此の義は云何ん。是の二の門は相い離れざるを以っての故なり。[2]

この解釈分（主題の論証）の初めの方で語られる「一心」のくだりに先立って、立義分（主題の開示）の中では、「衆生心」が「一切の世間法と出世間法」[3]の両面をおさめることが述べられていますが、「衆生心」と名指されるにせよ、「一心」と名指されるにせよ、指されるものは同じで（池田現代訳ではいずれも「人々の心」と訳される）、それが世間法、即ち、迷いの世界のものと、出世間法、即ち、悟りの世界のものとの双面性を備える点でも、先の二門と実質的には同じことが述べられていると考えられます。

こうした「出世間法」と「世間法」、あるいは先の「心真如」と「心生滅」以外にも、別文脈では「覚」と「不覚」という名辞もこの対極的な二を指して使われます。覚醒し悟った心のあり方「覚」と、事の真実相に目覚め得ず幻を描き妄念にとらわれる凡夫の心のあり方「不覚」です。二項が対立させられる指示語は他にも様々用いられ、文脈と視点の相違によってそれぞれニュアンスを変えますが、いずれもそれらによって指される対象はといえば、別個にあるものではありません。同一のものを、視点を変え、名を変えて指さそうとして語り残されてきた諸概念です。実際、大乗仏教の知的営為は、中観《ちゅうがん》思想に顕著なように、言語の作用と限界を明確に意識することを基本として確立されています。言葉や概念の分節化作用によっては、指さすその全体にして一なるそのものからはむしろ遠ざかってしまうことを承知しつつも尚、言葉を尽くし、指示語を幾重にも重ねて、直観的に洞察されたその全一的な統体を詳らかにしようと努めているところに、大乗仏教の教説の最大の魅力があるように思われます。

しかしながら、その結果として重々無尽に繰り出される仏教用語を一つ一つ文脈にそって説明することは、この論の目的ではありませんし、最初に述べたように、目指すところはそれぞれ固有の概念や言葉で指されているものそれ自体を、概念や言葉を超えて了解することとです。もちろん『起信論』に固有の概念は最小限使わざるを得ませんが、概念の幻惑を極力避けるよう、例えば現代訳の訳者が行っているように、この二種を「悟り」と「迷い」と理解しておいてもよいと思われます。

悟りと迷い

さて、それでは、悟りと迷い、この二種がどのような関係で考えられているかというと、『起信論』では同一性（同相）と差異（異相）の二種で説かれています。同一というのは「たとえば種々の陶器はいずれも同じ素材の粘土から造られているようなもの」で、差異というのは「ちょうど種々の陶器がそれぞれ異なるようなもの」[4]、単なる比喩的表現に過ぎませんが、そうした同一性と差異の関係で、煩悩の無くなった悟りの状態（無漏《むろ》）も、幻を描く迷いの心（有漏《うろ》）も、それぞれ違う状態ではあるけれども、しかし、同一の真実のあり方（真如）であり、かつまたその現れなのだと言うわけです。

こうした『起信論』の陶器の比喩よりも、先に見たアニメの中の二人の老婆の方が今の私たちには納得しやすいかもしれません。存在論的には同じ素材からなってうり二つでありながら、生き方としては正反対の二人が不思議につながっていて、ひょっとしたら一人しかいないのではないかとさえ考えられたわけです。二つのものが異なりつつも不思議に接合して一であるようなこうした事態を、東洋圏の英知は折に触れて様々な表現形態をもって伝えようとしてきたように思われます。中でもよく知られているのは、陰陽の組み合わさった太極図でしょうか。対立する二項が単に分かれて対峙し合うのではなく、相対する両極が互いに相待ち相補い合って成立する全体であり一であることを、例えば易学や道家思想のように、象徴的な図版や表現で示すことをより好んで方法とするものもありました。しかしながら、その統体の直感的把握に向けて、言語や名辞を尽くしてその理に分け入ろうとした思想というなら、やはり仏教、特に大乗仏教でありましょうか。

非一非異

大乗仏教全般の各所で、単なる一でもなく単なる二でもない統体を詳らかにしようとしての表現が見いだされるのですが、特に『起信論』においては、幻を描く迷いの心と、妄念を離れた悟りの心が、異なる二つの心として別々にあるのではないと、一に非ず二に非ずの「非一非異」、あるいは「不一不二」がはっきりと断言されています。先ほどの「一心、二門」とは、まさにそのことを示す文言の一つでした。そして、不変不動寂静の真実の心のあり方と、転変生滅に翻弄される迷妄の心のあり方と、この双面的な二がいずれも内に全ての存在を包摂してしかも切り離されることのない一であるということで、そのような全一としての「一心」が、まず「心真如」の真実相の側から説明されたあとに、今度は「心生滅《しんしょうめつ》」の側に立っての説明がなされていきますが、そこに「阿梨耶識《ありやしき》」の名称が出てまいります。

心生滅とは、如来蔵に依るが故に生滅心あるをいう。謂う所は、不生不滅と生滅と和合して、一にも非ず異にも非ず。（ここを）名づけて阿梨耶識と為すなり。(5)

ここで語られる「阿梨耶識」の原語はアーラヤ・ヴィジュニャーナ（ālaya-vijñāna）であり、真諦《しんたい》三蔵によって『大乗起信論』が六世紀中頃に漢訳された際には「阿梨耶識」とされましたが、それから一世紀以上を経てのち、玄奘三蔵によって唯識思想の論書『成唯識論《じょうゆいしきろん》』が複数の解釈をまとめつつ訳出（合糅訳《ごうにゅうやく》）された中では「阿頼耶識《あらやしき》」と訳された語です。『大乗起信論』の阿梨耶識をアーラヤ識と表記する場合(6)もあるようですが、ここでは『大乗起信論』の「阿梨耶識」と『成唯識論』の「阿頼耶識」とは「まったく別なもの」(7)との見地に同意して、まずは一旦『起信論』から離れ、先に『成唯識論』の「阿頼耶識」の方から見ておきたいと思います。

唯識における阿頼耶識

最初に『成唯識論』に至る経緯に簡単に触れておくと、五世紀の北西インドのガンダーラで部派仏教（小乗）から大乗に転じた廻《え》小向大《しょうこうだい》の菩薩、無著、世親の兄弟によって唯識思想の学的礎が据えられていった中で、世親は晩年唯識の根本則を簡潔に三十の詩頌にまとめた『唯識三十頌』を残します。これを論じた注釈者の一人に、六世紀にナーランダ寺院で唯識を説いていた護法《ごほう》（五三〇―五六一）がおり、その直弟子戒賢に学んだのが玄《げん》奘《じょう》三蔵（六〇二―六六四）でした。苦難の求法の旅の末に多くの経典を長安に持ち帰った玄奘が、『唯識三十頌』については十種の注釈の中でも護法説を中心として弟子の慈恩大師と共に整理訳出したのが『成唯識論』です。この論書を根本聖典として中国法相宗が成り、やがて日本に承伝されたのが南都六宗の内の興福寺や薬師寺を始めとする諸寺に伝えられた法相宗ということになります。仏教東漸とはいいますが、中国では宗勢を失った法相宗が東の果てのこの国に、大乗としては少数派ながら今もしっかりと根付いているということは、考えれば驚くべきことです。

先人が心血を注いで伝えてきた大乗のこうした精神的遺産は数え上げることもできないほどですが、今は『成唯識論』に目を向けます。その論書の中で「阿頼耶識」と訳されたalaya-vijñānaは、「識」つまり了別（区別して知る働き）をする心の中でも最も奥深いところで間断なく生滅持続している心の位相を示す語として用いられています。焚かれた薫香《くんこう》がものに浸透していくように（薫習）、人が経験する事柄や嗜好は、全てその人の阿頼耶識に蓄えられていき、またその蓄積された心の蔵から傾向づけられた各人の識の（感覚から意識、無意識に至る様々な）働きが生じると考えられています。つまり、唯識の教えの中では、阿頼耶識はどこまでも人の偏りやこだわりに色付けされた迷いの心、妄識とみなされるのです。とはいえ、気も遠くなるような長年の修道の果てには、この阿頼耶識もやがては根本的に転換し、質が変わる可能性を持つとされています。根本的な転換（転換本質《てんかんほんぜつ》）の末に完成される仏の四智の内、大円鏡智となるとされるのですが、それは途方もない変容のプロセスを経てのことであり、彼我を分けて認識する識活動が続く限りは、阿頼耶識は主我性を養い続け、迷いの世界を再生産し続けます。その識活動は自他の分別を超えて全的な真実の世界に悟入する悟りの智恵とは、質的に比べようもなく隔たり異なるものと理解されるのです。

唯識において、そのように識と智恵、迷いと悟りの差異性が強調されるのに対して、迷いと悟りが全く異なる様態でありつつも、また同時に常に一体不可分であることを強調的に示すのが、『大乗起信論』における阿梨耶識です。永遠不滅の真実のありよう（真如門）と、生滅する現象（生滅門）とは、その存在性から見れば同じではなく、別異であるけれども、それにもかかわらず、その二は分離分割させられる二ではないという「不即不離」または「非一非異」を唱える大乗的基本においては、唯識も起信論も軌を一にしています。しかし、差異と同一性のどちらに比重が置かれるかで、それぞれの教えの中で主張される内容は異なってくるわけです。

唯識における真如の超越性

どのように異なってくるか、個人的に理解する限りのことですが、もう少し見ておきたいと思います。唯識のように、差異性を重視すると、永遠不変の真理性（真如）の、変化消滅する現象に対しての超越性が力説されることになります（真如凝然《しんによぎようねん》）。つまり、真如が現象の拠り所（所依）とはみなされるものの、真如から現象が直接生じるのではなく、真如は絶対に不変不動であって、時間性において生滅変化する現象とは、決して混同されてはならないし、同一視されてはならないということになります。こうした唯識の教えのように、「凝然として不変のもの」[8]である真如と、生滅する現象との質的対極的差異と、真如の現象に対する超越性を強調する立場というのは、現存する宗派の中では法相宗ばかりで、大乗では少数派です。

法相は字のごとく、「法」（もの）の「相」、即ち、万有の現象面にしっかり目を向けて、その実性、「性」（真如）とは明確に区別立てた上で、物事の現実相を仔細に分析していくところにその特徴がありますが、人間についても、悟りを得る仏性の資質が現実的に備わっているかどうか、迷界を流転するばかりで悟りとは遂に無縁のままの「無性有情姓《むしょううじょうしょう》」を資質の最低位に想定し、救われ難き衆生を想定する（五姓各別説《ごしょうかくべつ》）ところから、大乗多数派の一切衆生成仏を掲げる一乗仏教の立場からは、平等性を蔑ろにする差別主義の三乗仏教とみなされてきた経緯があります。日本仏教の中の教勢としては弱小の側に立つとはいえ、それでも、教学としては、中観、唯識の学ぶべき二柱の一方とされて重要視されてきたことには変わりありません。大乗の教学が、多数派の一乗仏教的な真如（性）と現象（相）の一体視、ないしは前者の後者における内在一辺倒ではなく、こうした真如の超越性を主張する唯識の教説をも守り継いできたことには、やはりこの宗教においても隠された奥深いバランス感覚が働き続けているといわざるを得ません。

大乗起信論における随縁真如

さて、そのような唯識における真如の超越性の強調に対して、『起信論』の方ですが、これも一方では、真理の不変性を認めています（不変真如）。が、同時に、相依相関しつつ生起作動する真理（随縁真如《ずいえんしんにょ》）を認めるのです。不変と随縁の二種の真如を語って『起信論』を解釈したのは法蔵（六四三―七一二）ですが、その二種は、前述の「心真如門」と「心生滅門」の二種に対応するものです。変わることのない真実相、永遠の悟りのあり方を意味する真如門と、縁に随って変化生成する生滅門の二門が同時一体であることが、双方いずれもが真如であるとされることによって、より強調されることになります。あり方が異なるものを無差別に混同するのではないとしても、その一体性の側に力点を置いて見るわけです。日本に伝えられてきた大乗教学において多数派を占めるのは、こうした『起信論』的な不変と変化生成の一体性を強調する立場です。

水波のたとえ

この立場は大海とその表層の波のたとえを用いてそのことをよく説明します。大海全体を真如のその全体と考えるとして、何らかの無明の風に吹かれて表層に波が起こるといいます。その波は、前の波と相依相関して生起する現象であって、まさに縁にしたがって盛り上がりまた沈み込んで生滅を繰り返していく随縁の、生滅門の水であります。しかし、それは大海の底の水と別ものではなく、存在論的には同一の水にほかありません。仮に随縁真如と不変真如を見分けるとしても、結局あるものは「真如」ばかり、つかの間現れる姿形あるものもまた真実の現われであると、この立場は見ていくわけです。

水波のたとえで、波（相、現象）もまた本質的には水（性、真如）であるとするその多数派の見解に対し、先の唯識の見地についても少し付言しておくとすれば、こちらの方は、水という湿性のものと波という動性の現象を一括りに即座に同じと見るべきではないと考えるといえます。波として現れ出ている現象を、質としての水から区別する必要を説いて、不一、あるいは、不即の局面をしっかりと踏まえた上で、しかも不離の側面をも見落とさない不一不離、不即不離に立脚していると思われます。

大乗起信論における阿梨耶識

しかし、今は『大乗起信論』に戻ります。真実のありようを意味する「真如」は、『起信論』においては、また「心」とも表現されて、全ての存在は本来ただ心ばかりとも主張されます（「一切法、本来、唯心」(9)）。表層に形として現れ出て、同地平の他の諸現象とののっぴきならない関わりの中で、自他を分かち右往左往する迷いの心が、水面の奥底のような根源的で静謐な本来的な心のありようと、異なる様態の二種であるとしても、大海の水が切り離されないように、表層の心も根源的な心も全て連続してつながっている、つまり全一的な「心」、「一心」があるばかり。したがって、生滅を繰り返す迷いの心がそれ自体としてあるのではないわけです。「如来の蔵に依るが故に」、ここでの「如来蔵 tathāgata-garbha」は生滅の中にありつつも変わり得ぬ真実の本性、仏性を指すわけですが、その不変の本性あるが故に、可変的な諸相（諸現象）もまた成り立つわけです。「無明の風に因って[10]」動き、泡沫《うたかた》のように表層に現出する生滅の心は、不生不滅の悟りの心、不動寂静の如来心と、何らか不思議な仕方で常に共にある、そのあり方を、『起信論』は、先に挙げたように「和合して、一にも非ず異にも非ず。（ここを）名づけて阿梨耶識と為す」と語るわけです。

この阿梨耶識を、唯識教学で妄識とされる阿頼耶識と対比しての相違は、今述べてきたようなことですが、『起信論』における阿梨耶識自体をどう理解するかは、大変問題のあるところです。如来蔵と同義語として理解するのが一般的ではありますが、阿梨耶識は生滅の心、迷いの心との和合識ですから、如来の本性、仏性ないし自性清浄心そのものである如来蔵とは全く同じとは言えないはずです。可変的なものと永遠不変なるものを一として見るいわゆる双面的な概念であります。しかし、双面性というなら、既に見てきたような「一心」ないし「衆生心」の二門の言及で済んだ話ではなかったでしょうか。確かに、存在の真相を語るだけなら、何もまた別の言葉を重ねてその双面性を言い募る必要はなかったはずです。とすれば、一体全体どうして、可変的な生滅心の方から考察されていく際には、阿梨耶識という名称をもってその非一非異性が指示されたのでしょうか。

迷いから悟りへ

その問題に対しては、迷いの側から悟りへのダイナミックな転換というものがこの論書の大きなテーマとなっており、阿梨耶識はいわばその転換の礎となるような役割を果たす概念として機能しているのではないかと考えられます。実際、論の中ではこの阿梨耶識のあとに、覚（悟り）と不覚（迷い）、始覚（迷いから悟る）と本覚（根本の悟り）の問題が語られます。不覚から始覚へ、そして始覚から本覚への一体化という、人の心が迷妄から解き放たれて悟りの道に入ることとの道筋が、それぞれ極めて精緻な分析を通して語られるのですが、残念ながらここではもはやそうした詳細に入る余地はありません。これ以上は『起信論』に踏み込むことは避け、和合識としての阿梨耶識が語り出される際には、基本的に、私たちが普段に生きる現象世界の生滅の側に軸足が置かれてのことであるということに注意するに留めたいと思います。但し、先ほども述べたように、阿梨耶識が不生不滅の如来蔵と同義として語られることも往々にしてあるわけです。文脈によってそれぞれの意味内容を含んで双面性を見せることから、この阿梨耶識は頻出する言葉ではないにもかかわらず、昔から人々の心を摑んできており、それだけに多様な解釈もなされてきました。その方面を専門とする仏教学者のみならず、井筒俊彦のようなイスラム神秘主義をはじめとする東洋思想全般を視野に容れて広範に思索し続けた学者までもがこの『大乗起信論』を、一心及び阿梨耶識を論じてきています(11)。

人々の心を捉えるその魅力は、欲に動かされつつ生滅を繰り返すこの迷いの世界と、形あるその世界の生成変化を有らしめつつなおそれ自体としては寂然不動の真如との二にして一であることを繊細且つ大胆に説くその逆説的考察の特異さにあるのかもしれません。が、その際にも忘れてはならないのは、その考察が単に概念を駆使して構想された頭の産物ではないということです。インド、そして中国、日本で、己《おのれ》の足下の迷いの世界から脱して清らかな本然の世界に悟入することを願い続けた人々が、その精神の志を脈々と受け継ぎ、道を修める時に中《あた》って何らか言語を絶する事態を看破した際に語り出されたその事柄が、後に「一心」、「衆生心」、あるいは「阿梨耶識」といった指標に収斂されていったということであって、その反対ではないということです。揺るぎない宗教経験がまずあって、それを根拠とし、始点として一貫した思索が展開されていったということは、こうした世界観の場合は特に銘記しておくべきことかと思われます。ことさらに体験に事寄せて考えるべきというのではないのですが、語り出された内容が、一であって全であるとか、絶対的で本来的な世界と生成変化の相対世界との二であって一であるとか、通常の合理的理解に背馳する事柄が語られる場合には、その知的営為の出発点を見落としたままであると、やがて次々と視点を変えて繰り出される概念の重なり合いと多義性に翻弄されることになろうかと思われるからです。

注

(1)池田魯参『現代語訳　大乗起信論——仏教の普遍性を説く』大蔵出版、一九九八年、一六頁。
(2)前掲書、一〇九頁。
(3)宇井伯寿・高崎直道訳注『大乗起信論』岩波文庫、一九九四年、二三頁。
(4)池田魯参、同上、二三頁。
(5)宇井伯寿・高崎直道訳注、同上、二九頁。
(6)前掲書、一八五頁。
(7)鎌田茂雄『大乗起信論物語——中国仏教の実践者たち』大法輪閣、一九八七年、六六頁。
(8)平川彰『如来蔵と大乗起信論』春秋社、一九九〇年、四四五頁。

（9）池田魯参、同上、一二九頁。
（10）池田魯参、同上、一一三頁。
（11）井筒俊彦『意識の形而上学』中央公論新社、一九九三年。井筒はこの阿梨耶識を「一心」と「衆生心」の相互転換がなされる媒介（medium）、中間地点として理解しており、無分節態の「一心」と多様な分節態の「衆生心」の転換が行われる何らかのトポスとして、阿梨耶識を理解すべきと主張している。

第三章　もう一度ソロヴィヨフについて

全一性の体験的確信

前章終わりに述べた、体験的確信あっての形而上学的概念というそのことはソロヴィヨフの場合にもあてはまると思われます。このあたりで、もう一度ロシアの哲学者の見解に戻ることにします。彼の場合にも、語り残された概念から思想を後追うと、それぞれ双面性を有するソフィアと世界霊魂の二にして一の関係は単なる論理的矛盾とみなされてしまいます。その概念境界の曖昧さに苦言を呈し、彼の「観念のもつれ」を批判する同時代人は引きもきらず、しかしそれでも亡くなる二年前（一八九八）に自らの宗教的経験を長編詩の形で書き残していたことが、その思索の方向を決定づけることになった全一体験を周知させることとなり、パーヴェル・フロレンスキー（一八八二―一九三七）のようにより共感的にソロヴィヨフのアポリアを理解する正教神学者も続くようにはなります。二十世紀初頭、革命の動乱を前にしての「銀の時代」と呼ばれる文芸復興期にロシアの宗教哲学やソフィア論の後継者として活躍したその人々についてここで紹介する余地はありませんが、フロレンスキーが反革命扇動罪で逮捕銃殺されたあと、パリ亡命組のセルゲイ・ブルガーコフ（一八七一―一九四四）のような学者の手にかかると、やはり概念が先行してしまう傾向があります。ソロヴィヨフに甚大な影響を受け、マルキストの経済学者から観念論者に転じ、やがて神学を講ずる者となったブルガーコフですが、ソフィアを論じるにも「時間性の外、天のソフィア」と「経験を積むソフィア」[1]といった言葉で分けて説明します。それはおそらくわかりやすさを求めてのことと思われますが、かえって実体視を誘発することになります。正教神学の保守的一派からはグノーシス主義として相当に批判されることにもなりました。実際ブルガーコフのような知解の立場から見ると、以下に再検討するような体験に発しての愛智の営みは、つまり生けるソフィアを求め続けて展開された具体的なフィロソフィアは理解されにくいのではないかと思われます。

つまり、ソロヴィヨフが砂漠で自らに現出した神的な一人の女性像の内に全てが浸透し合う光景を目の当たりにして「私は全てを見た、そして全てはただ一つであった」と記した際には、おそらく天と地の境界も、彼岸と此岸の隔たりもなく、多様な一切が絶妙な形姿の内に一体となっていた事態が指さされていたと思われます。その最初の直覚においては、聖そのものである至高の調和状態と、この被造的自然世界の統一は別体として現れたのではありませんでした。いわば神性を見た時に同時にこの世界の全体性を見たと考えられます。一即全、絶対がそのまま相対と共に在って、決して分離させられない同体不可分がそこで深く確信されたと思われます。しかるに、その即ばかりではないところに、譬えて言うなら神即自然のスピノザ的汎神論一辺倒ではないところに、このロシアの哲学者の世界観の見るべき質があります。所産的自然のこの世界が能産的自然（神）と即刻同一ではないということは『ロシアと普遍教会』では次のように語られています。

> 仮に私たちの物質的世界の創造が、もっぱら神自身から直接流出するとすれば、その創造は絶対的に完全なわざになろう。…しかし、現実はそのような考えに一致するには程遠い。…できあがった作品の様々異なる部分をそれ自体で考えれば、それらは神のことばの内で相対的に認められるに値するだけか、あるいは全く値しない[2]。

こうした引用に続いて、創造された世界が「神の直接的なわざではない」ことが、ヘブライ語原典聖書の読み込みを通して『創世記』冒頭の「混沌（tōhû wa bōhû）」の意味や、『箴言』八章の智恵（ḥokmāh）の存在論的記述の意味を解き明かそうとする試みの中で論じられているのですが、それは、神によって善きものとして創造されたはずの世界になぜかくも混沌たる不調和が、善からぬ状態が現出しているのかというおなじみの問いに対する彼なりの神義論となっています。この自然世界が神によって創造され、神に全面的に依拠するものでありながら、存在性としては完全に異なるということは、聖書世界の大前提であり、ソロヴィヨフにとってもその神と自然の異別性は決して揺らぐことはありません。またその質的隔たりを超えて神の側からの降下が、愛ゆえの遜《へりくだ》りが、ナザレのイエスという人の内に神の受肉あらしめ、十字架上の贖罪のわざと復活の栄光を通して、第一のアダム以来の人の罪が贖われ救いへの道が開かれたと信ずる点においても、哲学者の立場は信仰の基本から外れるものではありません。

世界の神的変容と、その概念装置としてのソフィア及び世界霊魂

しかるに、ではなぜ、ソロヴィヨフは従来の神学的枠組みを逸脱してまで、被造世界の範型である全一的「ソフィア」を強調的に語り出したのか、更にはその神智と区別しつつも重なり合うかのように「世界霊魂」を、世界の生成変化を司る全一的な生の主体を、仮象的主体であれともかくも主体としてあるものを語り出したのでしょうか。それは、仮に一言でいうなら、世界から神へと連なり上がるもの、両界を包摂し媒介する有機的な主体となり得る場（彼の表現では「神のからだ」）を想定する必要があったということではないかと考えられます。神から世界へと遣わされた神のロゴスの受肉としてのイエスを救世主

（キリスト）として個々人が信じて終わるのではなく、今度は下から上へ、自然世界から神的世界へと向きを変え、上を共に目指していくための媒介概念を指さす必要があったということです。なぜかといえば、これも既に先に触れたような、「神化」のため、全ての変容のためというしかないと思われます。

人が恩恵に支えられて神に近づき神により親しく肖《に》た者になっていくテオーシス（神化、神成）が、初期キリスト教以来、東方では常に理想として掲げられてきました。その理想に向けて「後ろのものを忘れ、前のものに向かって」[3]ひたすら自己超出的に求め続ける人の志向性と神の恩恵とが共に働き合うシュネルギア（共働）の必然性もまた、ギリシア教父を通して教えられてきました。ソロヴィヨフはそうした東方キリスト教の霊性を踏まえて更に、単に一人一人の神化に留まらず、その普遍的実現、つまりキリストの神人性が人類規模で完成され得るし、完成すべきと考えました。その実現が生易しいプロセスで果たされ得るはずはないとしても、それを主張するに至った、せざるを得なかったその人には、神的調和と秩序の全一的ソフィアが人と共にあり得ることの強力な確信があったわけです。そのような神の知恵、その秩序に対する確信は、もちろん十九世紀末ロシアのその人にのみ突発的に表出してきたものではありません。時代を遡れば様々な神学者、神秘家たちの表白を取り上げることができますが、ここではソロヴィヨフにかなり先立つ表明ながら非常に似通うところのあるディオニシオス・アレオパギテースの著作群の中から少し見ておきたいと思います。

ディオニシオス・アレオパギテースの『神名論』における「神の知恵」

アテナイのアレオパゴスの裁判官ディオニシオスの名が冠せられたことから成立は古く使徒時代と信じられ、東方キリスト教圏は言うに及ばず、西方ラテン教会でもかつては深甚な影響を与え、重要視されてきたその著作群については研究が進み、今日では五世紀末か六世紀初頭に作成されたと推測されています。著者が不明なままのその「偽書」の特質として知られているのは、神が「知性の対象でもなく感覚の対象でもなく」、ただ「否定の道」、否定辞を介してのみ示され得るとする「否定神学」の立場です。但し、否定のみかと言うとそうではなく、何らかの「肯定神学」の立場も表明されていたという『神学概論』も存在していたようです。その書は残されていないのですが、例えば、『神名論』の中で、「神はすべての言葉と知性を超えて認識不可能」と断言されたあとには、すぐにこのように認識の可能性を肯定する立場もまた指し示されています。

しかし、すべての存在者のもつ秩序というものから、神を認識し得るのではないか。

その秩序というものは神によってつくられたものであって、神のなかの元型と或る種の類似をもつその像なのだから、この道と秩序によって、我々は万物の彼方にあるものに向かって力の限り昇っていく。…神へと昇っていく。(4)

こうした神への上昇がディオニシオス文書に極めて色濃いとされる新プラトン主義的な本源への還帰(エピストロペー)と異なるのか、同じなのか、あるいは、この言明に連なって語られている「神の知恵」、先の引用では「神のなかの元型と或る種の類似をもつその像」と表現されている「秩序」は、聖書知恵文学で語られる知恵(ホクマー)に一致する神的秩序を意味するかどうかは大きな問題のあるところです。ここでは掘り下げることはできませんが、プラトンを好み、幾つか翻訳も手がけたソロヴィヨフも、まごうことなきイデアリストであり、新プラトン主義的と指摘されることもあります。しかし、先に見たような、聖書ヘブライ語で『箴言』八章の擬人化された知恵の意味するところを、即ち「道の初めに」「巧みな者(建築家)」として「御もとに」あり、「日々、主を楽しませる者となって、絶えず主の御前で楽を奏」すると同時に、「主の造られたこの地上の人々と共に楽を奏し、人の子らと共に楽しむ」知恵の意味を解き明かそうとするロシアの宗教哲学者が単純なプラトニストであり得るはずもありません。

新プラトン主義をめぐる両者の立脚点の相違があるにせよ、それでも、例えば、「神の知恵は万物をつくり出し、常に整え、万物のたえざる調和と秩序の原因である。神の知恵は…万物をただ一つの協調と調和にあるものとして美しくつくりあげる」[5]、あるいは、そのような「神の知恵は万物から認識されなければならない」[6]と、『神名論』七章で神の知恵に関連して語り残されている事柄は、ソロヴィヨフに極めて近しい感性を思わせます。

ディオニシオス文書とソロヴィヨフの同質性

両者の興味深い類似性は、他にも、例えば、「神」という語をのみ用いるのではなく「神的原理」[7]と訳され得る用語を頻繁に用いるという点にもありますが、やはり一番関心を引くのは、区別される多と一、全と一の関わりをめぐる言明です。『神名論』では、「神の統一と区分の完全な在り方を解明しなければならない」[8]として、「神性原理（神的原理とも訳し得る）のめぐみ深い発出と顕現」[9]としての「区分」と、そのように多様に分かたれた万物を越え、「一の原理をも越える一性」としての「統一」が対比的に語られている場面があります。それは主として神の三位一体性を念頭において第二章で論じられるものですが、「秘められて歩み出ることのない超越的定在」[10]の一と、発出顕現の区分された全て（万物）とは、要するに hen kai pan、一と全の逆説的な一体性を語るものながら、汎神論的な一即全ではありません。唯一の「先存在者」[11]の圧倒的な「超越的定在」が保持された上での全一であり、その点は、「全一としての神の三位一体性」を語ったソロヴィヨフの立脚する地点とほぼ同じと思われます。ロシアの哲学者が三位一体の超越的な神を、一見すると汎神論的にも思える全一としての神と重ね合わせて語るというのは、西方教会経由でもっぱら超越性においてキリスト教の神を理解する傾向に慣れた現代人の目からすると、怪しげな折衷か矛盾的言説と思われかねませんが、その視点は実は六世紀の神学的見地に相当な同質性を見出すことができるということです。

ディオニシオス文書に流れ込んだキリスト教的霊性

更に想像を膨らませて、ここからは単に自由な感想として述べるばかりですが、ディオニシオス文書を読むと、そこには四世紀のニュッサのグレゴリオスら教父の諸著作に通ずる何かが流れ込んでいることが感じられます。例えば、モーセの生涯を解説しながら、「知性的把握が達することのない」[12]超越的な彼方の神が、この此岸の被造世界に顕現する事態を教父は語っています。モーセが最初に「神の顕現」[13]に接したのは、燃えているのに燃え尽きない柴の内に神の働きを感得することによってでした。あるいは、モーセをおおう手（出エジプト記三三・一―二二）、「神の手」[14]についても語られていますが、それは更に遡れば二世紀後半の護教家エイレナイオス[15]らによって語られた「神の両手」としての「子と霊[16]」に通ずるものがあるのかもしれません。つまり顕現し働き出す神の側面が、非顕現で秘められた実在としての神に対置されて、神を単に存在論的に絶対的超越性においてのみ見るのではなく、この被造世界で生き生きと働き活動する神性の側面にしっかりと目が向けられていることが感じられます。初期キリスト教会からギリシア教父、そしてディオニシオスに至るようなキリスト教的霊性は、そのように隠れつつも顕現する神のその存在と働きの二側面を区別しつつも等しく注視し続けてきているように思われます。一方では、否定辞を介してしか語り得ないような不可知の超越的実在であり、他方その知られざる神は、自らの顕現態としては、現象世界の相対的事物（燃えている柴）を通して人に呼びかける「妙なる炎[17]」のように働くと考えるとすれば、どれほど儚い塵から造られたとしても、それでもモーセのような「アレテーに即した生」を範として示した人を筆頭に、その永遠の「造られざる光」に人が触れ得る可能性のあることが信じられてきたといえます。

神の本質とエネルゲイア

その絶対的に不可知であるものが、また何らかの関係と条件のもとでは可知的となり、そこに神との接点の可能性が人に残されると考える立場が、やがて十四世紀に至り、「本質（ウシア）としての神」と「エネルゲイアとしての神」を区別して、後者については人の見神の可能性を認める立場が東方正教会では支持され、承認される事態につながったように思われます。ヘシュカズム（静寂主義）と呼ばれた祈りと心身の統御による禁欲的修道の過程において見神の可能性を主張したアトスの修道僧グレゴリオス・パラマス（一二九六頃―一三五九）と、当時西方的人文主義の教養深く宮廷で重用された不可知論者バルラアムとの正教会内部での論争は、結果的に前者が支持されることになったわけですが、その出来事は後の教会の歩みを決定づけたと思われます。仮にバルラアムのような徹底的不可知論の方がよしとされて、人が神に近づき感得することなど不可能との立場を正教会の大勢が採ることになっていたなら、そうした信念環境の中では、神は専ら天上の超越者として彼方に押し上げられ、この地上世界で内在的に働くエネルゲイアとしての神に今ここで触れ感ずることなどあり得ないということになっていたかもしれません。

しかし、正教会はその折、断罪されたバルラアムが憤然と改宗したカトリック教会の、十四世紀に勃興した唯名論的な「新しい道」とその必然的帰結としての信仰と理性の分離に舵を切ることはありませんでした。東方では、いわば絶対不可知の「本質としての神」、ただ人が信ずることにおいてしか関わり得ない神が、「エネルゲイア」としては、つまり何らかのその働きとしては、人に知られ得るとして、信と知を分かつことがなかったそのことが、西欧近代とは異なる道を東方教会に辿らせた理由の一端になったと考えられます。その本質と働きの区別は、統一性を重んじてきた西方教会側から見ると、二神論ではとの批判などなかなか容認されることがありませんが、東方にとっては、その際もしその二側面の区別を再認することがなかったなら、それはこれまでの霊性の伝統を蔑ろにすることにも等しいことになっていたのではと思われます。なぜならその伝統の内には、東方が遵守してきた三位一体性に関する教理もおそらく含まれているからです。

東方の三位一体論における唯一の始源としての父

父なる神から同一本性の子が生まれ、聖霊もまた父から発出すると、ニカイア・コンスタンティノポリス信経に定められた三位一体論の聖霊に関するくだりは、ヨハネ福音書の「父から出る真理の御霊」（一五・二六）に依拠しての文言でした。ところがラテン教会では、この聖霊の発出に関し「子からも（フィリオクェ）」と付加された信経がいつしか用いられるようになります。父より子が劣るとしたアレイオス的異端に対抗しての父と子の同一本性の強調が優先されてのことと考えられますが、東方教会は一旦定められた信経に対するその付加を非難し、教会分裂はその相違点も原因となったといわれています。

従って元来の信経としては、今は東方で奉じられるのみですが、その三位一体論の質を改めて顧みれば、父なる神に、子と聖霊の唯一の源という性格が帰せられることであり、またその唯一の始源性に対し、それぞれ自存者（ヒュポスタシス）として生まれ発出する側が対置的に理解される傾向にあるという点でしょうか。仮に先のディオニシオスの表現を使えば、「秘められて歩み出ることのない超越的定在」の一と、「神的原理のめぐみ深い発出と顕現」の対置関係とも、あるいは、非顕現の「先存在者」の超越的一と、顕現し活動する側の二の対置といえるかもしれません。更に彼の言葉で約言すれば、「統一（ヘノーシス）」と「区分（ディアクリシス）」の二側面の対置ともいえるでしょうか。

絶対者の二極性

こうした二側面に呼応するかのように、ソロヴィヨフも絶対者を二極性でとらえ、第一の極としての超越的統一性（hen）の側面と、その内容としての全て（pan）を包摂する第二の極としての両側面が不可分であることの論証を進めて、三位一体性についても、汎神論的との批判を恐れず、「全一としての神の三位一体性」[18]と言い切る道を選んだように思えます。十九世紀に他に例を見ない大胆さで語り出されたその形而上学的論証の試みは黙殺されたまま、今も今後も理解されることはないように思われます。しかし、教会の伝統の古層ではこのディオニシオスに見られるように、区分される側と統一の側、あるいは全と一は、神概念の論証において欠くべからざる論点であったわけですし、また、こうした論点は三位一体性が関わる場面ばかりではありませんでした。神の知恵についても、それは、「自らを知ることによって万物を知る。物質的なものを非物質的に、分かたれたものを分かたれざる形で、多なるものを一つのものとして、自らの一のなかに万物を認識し、創り出す[19]」と語るディオニシオスの言葉は、相互浸透する非物質的な全てを神的な具体的一者に感得して、神智ソフィアを語り出していったソロヴィヨフの観点とやはり共振するものがあるように思われます。

ディオニシオス文書に直接感化を受けたことを証言するような彼自身の言明は残されておりませんし、キリスト教史の問題でその書について触れている場面があるとはいえ、わずかです。単純に似ている思想が十三、四世紀を経て再び出現したにすぎないのでしょうか。そうとは言い切れない地下水脈深く通ずるところがあるように思われ、前述のような一面的一方向的ながら想像される雑駁な展望を述べてきました。が、それは質的に区別される両性の二であって一（神人性）とか、三位であって一（三位一体性）、多あるいは全（万物）であって一（全一）であるとの二律背反を同時に観る智恵がキリスト教圏ではどのように考えられてきたかということで、その一つの表現がディオニシオス文書の成立時に典型的に現れたと思われます。

六世紀初頭のその時代を改めて顧みれば、五世紀半ばにキリスト教教理の最重要の一つ、神人性に関する教理決定の結節点となった第四回公会議が開催されて半世紀が過ぎたころです。イエス・キリストが真の神であり真の人であることの神人性の大枠は既に同意されているとはいえ、その具体的な一人の内に神性と人性が混同されることなく、二本性が区別されつつも尚一致しているとの両性の関係については一挙に確定的に同意されることはなく、キリストの「一本性」と「二本性」をめぐって微妙な論点ながら苛烈な論争が続いていた時代でした。「神の統一と区分の完全な在り方を解明しなければならない」とのディオニシオスの言葉は、そうした時代にあって、区別をより重視する側や一体性に重きを置く側とのせめぎ合いの中で溢れ出した諸々の神学的潮流のいずれにも加担することなく、あるいは新プラトン派的立場にも、キリスト教の学派のいずれにも嵌りこむことなく、否定と肯定を越えての総合的見地を自由に求めようとしての地点から発せられたものかもしれません。

ソロヴィヨフの「区別と一致」

カトリックの神学者ハンス・バルタザール（一九〇五―一九八八）に、たぐい稀なる総合力の持主と評されたソロヴィヨフも、区別される両極のどちらに引きずられることもなく、いずれからも超出したところから見ようする傾向の宗教思想を提起しているといえます。全一性の、神人性の哲学者として、理想としての全一的調和の具現としての全地普遍教会を目指し、東西教会の一致を訴えた点もそうですが、その形而上学的根拠としての神概念も、既に見てきた通り、一と全の両極的位相を同時に具体的総体として見るものでした。神の絶対的本質的実在の一と、区分され分節化される側、後者には全てである神の内なる被造的一切（万物）も含まれるわけですが、そのように永遠で不変の真理性のものと、時間性の中での可変的な現象存在の二極性を切り離されぬものとして語り出そうとする姿勢は、言葉を変え、表現を変えて繰り返し表明されています。

哲学者としての出発点となった二十一歳の時の修士論文『西欧哲学の危機』の頃から、「現象と現象しようとしているものとは区別され得るし、区別されなければならないが、区別は分離ではない[20]」等の表現に始まって、無制約的な永遠の本質界とその顕現としての相対的現象とを二元的に分離させるのでもなく、一元論的に同一視するのでもない、いわば本質と現象の二でもなければ一でもない立場を示そうとする努力を続けています。中でも一番端的な表現としてこれまでにもよく紹介してきたのは、青年期の全一体験のあと、仏語で書かれた未完の草稿の中に見出される表現です。「ソフィー（Sophie）」と名づけられた智恵の擬人化と「哲学者」が対話を重ねていく中で、存在それ自体（もの自体）と現象の区別をめぐって、ソロヴィヨフはソフィーに次のように語らせています。

間違いは、それらの区別ではなく、恣意的に分離させることです。無知は存在それ自体と現象を混同し、抽象的な哲学は両者を絶対的に分離させますが、あなたは混同と抽象的分離の間の王道（la voie royale）を採るべきです。中項（le terme moyen）があります。区別と一致（la différence et la correspondance）。現象は存在それ自体（l'etre en soi）ではありませんが、現象はある一定の関係において存在それ自体と一致します。(21)

原文では三段論法の中項という語が使われていますが、大小二項の連関を媒介し根拠づける原因として、広義での中道と理解されますし、またのちにラチンスキーによってロシア語に翻訳された際には中道（средний путь）と訳されています。「存在それ自体」（もの自体）と語られている時の自体的存在とは、単純な実体（本質）概念ではなく、ソロヴィヨフによっては「ポジティブな無（エン・ソフ）」とも規定されているもので、それは「何ものかではないという限りにおいて無である」とはいえ、存在の欠如としてのネガティブな無ではなく、ポジティブな潜勢力の内に一切であるような充溢を秘めた無とされていて、先の絶対者の二極性でいえば、第一の極にあたります。あらゆる相対的現象の多を包摂する第二極と切り離すことはできないとはいえ、またそれら現象の多では決してあり得ないような「存在それ自体」の一が考えられているわけです。

こうした本質的自体的存在と相対的現象を単純に同一視するのでもなく、切り離して考えるのでもなく、「区別と一致」と言い、中項ないし中道があると語ったのはなぜなのでしょうか。二項を止揚するとか総合するとは言わず、この語を使ったところにソロヴィヨフの総合性の質が見いだされるように思われます。これについては後で若干触れることができればと思いますが、ここでは中道に関しわずかに寄り道をしておきたいと思います。

普遍的徳目としての中道

改めていうまでもなく、中道あるいは「中」を勧める精神性は普遍的に見いだされます。古代ギリシアの定番的徳目であるアリストテレスの「メソン」あるいは「メソテース」は、感情や意欲の過大過小を離れての「中」を行く道、両極端から離れる徳（アレテー）としての「中庸」でした。キリスト教世界にあっても、中庸は四つの枢要徳の内の節制との関連で大切な徳目とみなされてきました。東洋の儒教思想に目を向ければ四書の一つとみなされる『中庸』が直ちに問題とされますし、仏教思想においても「中」は、そのような過度を戒め適正な行動をとるようにとの徳目の中心として、つまり釈尊によって教えられた八正道の行いの基本として勧められてきました。しかるにまた仏教においては、中は実践上の徳目であると同時に、森羅万象洞察の深淵な理念でもあり、即ち、諸法が有でも無でもないと説いた釈尊の「非有非無の中道」の教えが部派仏教から大乗に至る仏教全体を貫く根本精神となっています。それぞれの時節に展開された学派や教学によってニュアンスとアクセントを異ならせつつ了解されていったその語の指さす意味についてここで中途半端な注意を向けることはできませんが、例えば、前に述べたような唯識教学を宗旨とする法相宗は、中道宗との別称もあるほどに、区別される二の非一非異の中道的姿勢を優れて保ち続けてきた宗派といえます。その中道という見地から再度唯識の立場を確認して、それをロシアの哲学者の見地と照らし合わせてみようと思います。

唯識の非一非異、その中道的観点

唯識を宣揚する法相宗が、性、一切万有の実性、すなわち不生滅の仏性（真如）と、相、生滅する現象、即ち万有それ自体を決択《けっちゃく》する、つまり双方の差異を明確に区別することに意を用い、後者に対する前者の超越性を説く立場を示して、少数派であることについては既に述べました。他方でその立場はまた大乗の基本としての不二の見地をも堅固に保ってきており、現実主義的な不一とある意味の理想主義的な不二の双方を把持するという中道的スタンスを保ってきています。真如と現象は同じではないという不一の側面、即ち、絶対不変の真如が、転変する相対的現象に対し超越的であることが主張されるその立場からすると、現象は真如から直接展開するのではなく、真如に依拠しつつも、阿頼耶識を諸相（現象）の直接の原因として、阿頼耶識から生じてくると考えられたわけです。個々人の阿頼耶識に種子（潜勢力）として受動的に蓄積されていった過去の経験は、未来に対しては或る種の潜在的可能性となり、その傾向性は次に各人が見る世界を能動的に規定するということで、いわば過去の経験の総体が自己の深層に結集して、やがて無意識にも自分が対象として選び取るものばかりが表層意識によって認識されることをその説は主張します。自分という色に染め上げられた世界と、自己を中心として彼我を分け、我に迷い、我物に愛着し続けるその認識のあり方は、自ら意識的に変えようと志さない限りは未来永劫変わることはありません。

が、現在の心の白紙状態、無記において、自由に志し選び修める道次第では、やがて凡夫の意識も智恵へと転換する可能性があるとされます。それまでどれほど迷い続け、道を踏み外していたとしても、今この瞬間、異なる生き方を選び、道を求めて進むことを志し続けるなら人は変わり得るとされるのですが、それは気も遠くなるほど長い修行の継続あってのこと、ここに凡夫が時間をかけて徐々に仏の智恵に近づいていくという「漸悟」を表明する唯識特有の観点があります。五感の前五識や第六意識、第七末那識が長年の行と知解を経てそれぞれの智恵に変わり、個々人の阿頼耶識も仏の智恵に転換されるとするのは、真如（性）と現象（相）が区別され、真如、あるべき真実のあり方が超越的な彼方のものであればこそでありましょう。超越性無くしては、そこへの持続的志向は成り立ち得ないからです。真如がそのまま現象として現れ出ていると見る不二、一体性の側面にもっぱら比重を置く大乗多数派の一乗仏教においては当然、経年的に少しずつ人格が変わっていくという側面よりも、今ここでの「頓悟」に目が向けられることになります。

誓って願い続けることにおいて人の意識が徐々に智恵に近づき変わり得るということは、今現実には智恵と一体ではないからですが、そのように求め続けることにおいては凡夫も仏の完成された智恵と切り離すことはできないはずで、要するに、これも完成された側とそれに近づいていく側の区別（非一）と、後者が前者を志向することにおいての不可分の一（非異）ということになりましょう。現実として見る際の相違と理想として志向するに際しての一体性の中を守ろうとしているのが唯識説といってよいかもしれません。

窓を開ける一つの試み

本書で見てきたようなこのロシアの哲学者が、存在それ自体（本質存在）と相対的現象を区別しつつも、概念で切り離して終わりとするのではなく、「現象はある一定の関係において存在それ自体と一致する」と、「一致」をその「区別（差異）」と共に視野に入れ、そこに中道を指さす構造は、唯識のこうした非一非異の「中道」的観点と響き合うものがあるといえます。

更に、本質的な真理性が後者の現象に対して超越的である点、またその超越性の故に、つかの間の現象である人の側からの永遠の前者に向けての志向性が成り立つ点、またその志の持続において人が志向するものに近づき変容する、変わり得るといった諸点もまた宗教の違いを超えての共振性のポイントとなりましょう。また更にいえば、志向性において一致するとは、志す不完全な側が志される完成された側によって支えられればこそと考えられるわけで、「ある一定の関係において一致する」とは、そのような意味でも捉えることができるかもしれません。つまり、絶対者である神と相対的被造物は質的に異なるとされるだけでは、人が変わる、神化するということはあり得ません。しかし、ソロヴィヨフが見るように、世界は神（の創造行為）に依拠しているとしても、神から直接被造物が出ているのではなく、創造に先だって生み出された神の智恵、そしてそのソフィアの完成された神的全一性に対し、裏返しながら切り離すことのできない世界霊魂を介してこの地上の被造世界が成立していると考えれば、絶対と相対の異別の二もその双面性を備えた媒介の場においては一致する可能性が開かれましょう。その形而上学的構想において、「ある一定の関係」の場としてソフィア及び世界霊魂の理念を掲げたことは、この哲学者が求めた神人性の普遍的実現という理想からすれば、可能というより、むしろ必然であったといえるのかもしれません。神即自然ではなく、神の内容たる智恵に依拠しつつも、自立的な生の統括者である世界霊魂によって被造世界が成り立つと考えるソロヴィヨフのその必然性は、現象（相）が真実性（性、真如）に依拠するとはいえ、真如から現象が直接派生するのではなく、妄識（迷い）である阿頼耶識からとした唯識に似るものがあると思われます。

大乗起信論の全一概念とソロヴィヨフの全一概念

大乗起信論の「一心」ないし「衆生心」の二種の門、「心真如」と「心生滅」の二門が「各々一切の法を総摂」しつつ「相離れざる」ものであるとされていた点についても、ソフィアと世界霊魂のそれぞれ全一的概念の双面性と比較すると興味深いものが見いだされるように思われ、前の方で簡略ながら見てきましたが、大乗起信論の場合は、唯識とは異なり、悟りと迷いが二にして一と語りつつも、なおその後者の不二の方面が強調的とすれば、それはロシアの哲学者でいえば、ソフィアと世界霊魂を同一視する傾向が相当あった青年期の観点と似た点が感じられます。あるいは、凡夫の迷いから仏の悟り（本覚）に向かう際の阿梨耶識の真妄和合の双面性は、ソロヴィヨフでいえば、本来あるべき全一的調和のソフィアに対し、正反対の存在性で未だ対立と相克関係を生み出し続ける世界霊魂が「裏返しのように」それと切り離すことができないとした壮年期の見解と何か通ずるところがあるように思えます。

真妄の非分離

ソフィアと世界霊魂という指示語をもって指し示すのであれ、一心の二門、ないし真妄和合の阿梨耶識との用語によって示すのであれ、それぞれ双面性を備えた生の統括原理の全一的な場に仮に私たちがあるとしたならどうなのでしょうか。この地上世界からその非分離を見るなら、今ここで無秩序に混沌と生起しているかに見える一つ一つの現象も、「何らかの関係においては」根源的本来的な世界と分離されないということになるのではないかと思われます。世界に諸々の現象が生じるのも現れ出ようとするものがあるからで、この地上世界を隠れて支える何らか本質的な秩序の世界あればこそ、私たちの混沌たる現象世界もあり得ている、となれば、相対的事象に住む私たち人間の志向も、またそれを現し出そうとする本質的な何かによって支えられているからかもしれません。人が人を超える超越そのものを志向するという際にも、むしろそれに先立って人を超えたものが人に超えゆくことを促しているのかもしれないということになりましょうか。志向ということを仮に祈りや願いといった言葉に言い換えれば、人の祈りはそれに先立つ完成された存在、ソロヴィヨフの「理想的人類」といった表現が思い起されますが、そのような偉大というしかないような存在の祈りがあって、隠されたその祈りに支えられて、人の祈りも向けられた先に届き得るのかもしれません。

全一的な智恵の普遍性

自我の迷いと無知と愚かさ故に為される罪の現実は、逃れようのない人間の現実です。それでも、迷い翻弄される中で人が嘆きもがいてそうではない方を見ようとするのは何故なのか、何かしら願わしい方を志すのは何故なのか、それに答えようとする人々が時を隔て思想圏を違えて何事か彼方の智恵を伝えようとしてきました。質的に正反対の天地の両界があるとして、地の混迷から向ける眼差しを支えるのは、迷い苦しみの反極としての智恵であると、変わることなき永遠の真理、本質的な智恵の世界がこの千変万化する迷いと苦悩の現象世界を支えていると考える人々が語り出した言葉、それぞれは表面的には違う言葉ですが、しかし意味としてはどこかで響き合う気配があります。生命という大海に一つの現象として現れ、やがて消滅する私たち一人一人ですが、そのいのちを支え、自由な志向性を成り立たせているものを、徹頭徹尾「一」にして「全て」を包摂するもの、本源的な真理性の世界から可変的有限的な現象界に至るまでの一切を包むものと考える全一的な思想傾向が、世界観や信ずるものの相違を超えて成立しているということは、やはり興味深いことと言わざるを得ないように思われます。

生命世界の全一的相補的総合としての「中」

私たちの現象世界と根源的世界の両界を混同することなく分離させることなく、区別される二と一の双方に共に自覚的であるよう勧め、「中」を指さしたロシアの哲学者でありましたが、未完成の草稿中に何気なく語り出されたその一語に着目する者はまだほとんどいません。革命後モスクワの古文書館に収蔵されていたその仏語草稿は一九七八年にフランソワ・ルロによって編集活字化されましたが、母国で翻訳出版されたのはそれから四半世紀を経てのことで、その言葉の意味を積極的に理解しようとする機運も気配も残念ながら見られません。かつて古代南インドで成立した竜樹の天才的著作『中論』をめぐって、続く論師たちが注釈を書き継ぎ中観派という強力な学派が成立した際に、その壮大な思想潮流の発端となった『中論』にあって「中道」は一詩頌のみでしたが、ソロヴィヨフの場合にはそうしたことにはなり得ないと思われます。というのも、従来のキリスト教の神学的パラダイムでは、彼の「中」はやはり理解されにくいと思われるからです。

その理由を先の総合性の問題に絡めて簡単にいえば、西方教会の伝統下に父と子と聖霊の三位格を念頭に置きつつ語られた即自、対自、即且つ対自の弁証法的総合は、ソロヴィヨフも神的域の三区分を語る際によく用いる論法ではありました。が、先行する項の否定ないし展開を経てより高い肯定へと止揚されていくヘーゲル的な論理的総合だけでないのが、このロシアの哲学者の面白さであり、段階を踏んでより高次を目指すその理性的総合に対し、低次も高次も同時に一切を包摂しての全一的有機的総合をソフィアとして語り出している点がやはり見るべき独自性かと思われます。ロゴスによる能動的総合とソフィアの受動的総合の相補的全体を視野に入れ、双極を超えるような視点に立てばこそ、始源から生み出されたその唯一の全一的なからだはロゴスとしても、ソフィアという指標でも指さし得ると語ったのでしょう。その相補的な二によって成り立つ具体的な一は、能動のみによる止揚、総合ではなく、能動受動の二極の「中」という言葉をもって指さすしかなかったと思われます。

別視座との対比において

ソロヴィヨフがロゴスとソフィアの補完性を語ったというのは、キリスト教の神学的枠組からは突出した部分であり、その枠の中では理解は望みえないかもしれません。が、キリスト教圏外との対話は、特にここで見てきたような大乗的視座との対比からは、窓が開かれる可能性は残されているように思います。単なる可能性です。西欧哲学における抽象概念の実体視を批判し続けたソロヴィヨフではあっても、キリスト教世界の思想家として実体観は当然抜き難くあります。彼我を分けて対象とみなし実体視することを迷妄として徹底して斥ける仏教とでは根本的に相違することはいうまでもありません。それでも、相違点を踏まえ、思惟の構造の類似を指摘する価値はあるのではと思われます。ここではごくわずかに、無理を承知で隙間を開けてみようと試みたにすぎませんが、仮にこれから窓が少しずつ開かれていく試みが続くとすれば、彼の背景に潜むキリスト教成立初期からの霊性、特に五、六世紀までの教理的確定期の論点と、他の諸思想との対比を試みるならば、それぞれの宗教圏で人々が考え抜いた思索の結実の対比は興味深いものを開示してくれるように思われます。

異なる思想間の一致点を模索しようとする作業に困難が伴うことは当然のことで、例えば筆者自身、先のロゴスとソフィアの補完性をわかりやすくしようとして、密教の金剛界曼荼羅と胎蔵曼荼羅の喩えを用いたこともありましたが、別文脈で完成された象徴を他のコンテキストのものに重ね合わせることには恣意が入り込みますし、イメージを固定化してしまう危うさもあると思うようになって以来は控えるようにしています。とはいえ、相違点を言い募るだけでは新しい地平は生まれませんし、通底する接点があったとしても見逃されてしまいます。要するに、こうした意味でも、区別（差異）と一致、「中」の英知が必要とされるということになりましょうか。宗教間の対話の論点としても、この「中」は重要な媒介項となり、多様性の一致の根本則を考える鍵として改めて検討される必要があるように思います。

注

（1）ブルガーコフ『経済の哲学』Сергей Булгаков, *Философия хозяйства*, стр. 150.

（2）*La Russie et l'Église universelle*, p. 260.

（3）フィリピの信徒への手紙（三・一三）に見られるパウロの言葉。エペクタシス（鶴首待望）といった語でギリシア教父たちが語った自己超出的志向の聖書的根拠。

（4）熊田陽一郎訳『神名論』第六章第三節（三二一）『キリスト教神秘主義著作集1』教文館、一九九二年、二二五頁。
（5）前掲書（三二四）、二二六頁。
（6）前掲書（三二四）、二二六頁。
（7）ディオニシオスのテアルキアは神的原理とも訳される。ソロヴィヨフの Божественное начало も神的原理ないし神的始源と訳される。
（8）『神名論』（三八）、一五三頁。
（9）前掲書（四〇）、一五四頁。
（10）前掲書（三九）、一五四頁。
（11）前掲書（二八〇）、二一五頁。
（12）谷隆一郎訳『モーセの生涯』（四六）『キリスト教神秘主義著作集1』二七頁。
（13）前掲書（二〇）、一五頁。
（14）前掲書（二四〇）、一一二頁。
（15）前掲書、一一二頁。
（16）小高毅編『原典古代キリスト教思想史I』教文館、一九九九年、一一一頁。
（17）『モーセの生涯』（二〇）、一六頁。
（18）Соч., 3, стр. 83.『神人論』で主張されている概念。
（19）『神名論』（三一七）、二二四頁。
（20）『西欧哲学の危機』Соч., 1, стр. 70.
（21）*La Sophia et les autres ecrits francais*, 1978, p. 6.

おわりに

今も昔も多元的で多様な価値観が錯綜する中で、それぞれが自由に納得承認できるような一致点はなかなか見いだされず、古から求められてきた多様性の一致は、時に様々な場面で調和の片鱗が感受されるとしても、それをかき消すような不協和音もまたこの地上至る所で立ちのぼり、少なからぬ地域では敵対者を破壊せんと耳をつんざく轟音と爆音の中で無力な命が絶望に倒れ伏す事態が続いています。人間の恣意に起因しての異質の排除が横行し、排他性が常軌を逸した形で昂進していった結果の二十世紀の悪夢を経て尚飽き足らず、またもや自利のみを確保せんとしての排外主義が地球規模で蠢き始めている今日にあって、自他の区別と一致、その「中」をと語ったところで耳を傾けてくれる人は少ないことでしょう。他者を攻撃する極端な言辞が飛び交い、それをよしとして共感帯同する人が増し、「中」など凡庸と捨て去られれば、既に一方向に、下方に動き出した歯車を止めることは不可能かと思われます。切り離すことのできない一つの生命の大海に共に生かされている私たちであれば、やがて訪れ来る嵐の時節を避けることはできず、暴流のような人間の無残な過ち、愚行の歴史を過去に経験した以上の悲惨さでまた味わうこともあり得ることです。個人においても、集団においても、人間の弱さ、愚かさは、打ち寄せられる浜の真砂のように尽きることがないように思われます。

掌からこぼれ落ち続けるその砂の堆積と浸食は決して他人事ではありませんでした。人との関わりにおいて自覚される自分の愚かさを痛感するほどに、かえって結果としては愚かな言動に走るという経験を積み重ねてきました。もはやいかんともし難いと諦めの境地に至ったあと、ふと或る時からこれも幸いなことであったのかもと思えるようになってきたのは、愚かさを厭う気持ちがそうではないものを求めさせてくれたと気付いたからです。沈み込む砂に足を取られつつも、求める気持ちの前に、やがて垣間見えてきたのは、古からいかに朽ちることのない智恵が語り続けられてきたか、その智恵の光が世俗の知の前には隠されつつもいかにあらわに示されてきたかということでした。聖書や仏典に示されてきたそれらの途方もないスケールと圧倒的な広がり深みについては既に語り尽くされてきた感もあり、今更何を付け加えることがとは思われるのですが、ソロヴィヨフというロシアの哲学者を介して見ると、その智恵の「瑠璃色の」光芒は東方にも西方にも広がり届くような気がしてならず、その共振性の不思議をいつか書いておきたいとは以前から願い続けてきました。たとえ一部なりともと願って、かつて三田哲学会の記念論集『自省する知』（二〇一一年）[1]で書かせていただいたことがありましたが、字数の制約に中途半端に終えたことが心残りでした。今回素材として再度それを用い、アプローチを多少変えて再挑戦してみたのは、これがやはり今自分が伝えておきたいと願う事柄であったからです。結果的にはなかなか思うように筆が進まず、肝心なところが伝えられなかった気がします。が、それでも今この時であれば語り得たこともあると思われます。例えば、中世であれば、このような二つの宗教世界を並置して語ることはありえなかったわけで、時代に制約されるものは大きいと思われます。ソロヴィヨフの仏教に対する把握度でいえば、大乗仏教に関する本質的な理解が欠けており、仏教はひたすらネガティブな宗教であるとの当時のキリスト教圏の一般的な解釈に足並みを揃えています。ただ面白い夢も彼自ら伝えています。仏教について消極的な見解を書いたあと、ターバンを巻いたインド人が夢に出てきて、仏教を学べ、さすれば汝は汝の仏教と共にあると言われて杖で腹を突かれたとのことで、起きてそこが痛んだ理由を昨晩の食事のせいと考えたという話ですが、著名な仏教学者シチェルバツコイが北伝仏教について帝都で講義するようになったのはソロヴィヨフが亡くなった一九〇〇年頃からですから、やむを得ぬことではありました。

それにしても、今私たちが神と思い、絶対と思う観念に対する信仰のあり方は数百年後も変わらず同じままであり得るのでしょうか。時の推移と共に変わるものと変わらざるものがあるとして、次々と目くるめく幻燈絵のように変わるものを映し出している中心に変わらざる本体が確かに在るとすれば、その見えざる裏で完成されて変わらざるものと、表に顕現して阿鼻叫喚の迷いと苦しみのこの世界を経巡る現象とは、どうあっても切り離すことのできない関係にあると言わざるを得ないのでしょう。聖書には、人は神の似姿に造られたとあります。やがて塵と果てる儚いひとときの現象でありながら、それでも中心に在すものを反映する写しであることを自覚する限りは、人は尊ぶべき神の「写し絵（подобие）[2]」となり得る可能性を備えてそれぞれの生を生かされているのかもしれません。可能性があるとしても、それを求めなければ、意識をそこに向けなければ、反映とはなり得ないでしょう。生々流転の暴流に身をさらして流されつつも、顔ばかりは天空に輝く光を見上げることは可能であって、そのように見上げるに値するものを見上げ、求め願う限りにおいて志向のその対象と一致することができるようつくられているのが、あるいは、人であるのかもしれません。

ソロヴィヨフ、二十二歳の時の詩の一部です。

この地上の夢の中で私たちは影だ、影……
人生は影のたわむれ
永遠に輝く天日の遥かな一連の反映

しかし、もう影たちは溶けあって
かつて明るく夢見たものの以前の形を
君は思い出すこともない

夜明け前の灰色の薄明りが大地を覆う
先見る心を占めるは　今はなじみ深い震えおののき

予言者の声は裏切ることはない
信じよ　影は過ぎ去る――
憂うるな、まもなく
新しい永遠の日が立ち昇る(3)

私たちが夢幻のように移ろい過ぎゆく影にすぎないとしても、それは永遠の光を放つものの反映であって、その光源に想いを向ける時、影は影でありつつも単なる影として消え去るものではなくなるのでしょうか。それからほぼ二十年後の『愛の意味』（一八九四）という佳作の中の表現です。

> たとえ私たちの世界では個々ばらばらで孤立したあり方が事実であり現実であって、一体であることは単なる概念や理想にすぎないとしても、彼方では、反対に統一性が、より正確には全一性が現実であり、分離や孤立は単に可能的主観的に存在するものにすぎない。ここから帰結されることは、この人という存在が、超越的な領域では、この世の現実存在という意味での個的なものではないということである。かしこでは、つまり真理の中では、個々の人格は、ただ生命的で現実的とはいえ分割されない一なる理想的な光を放つもの、即ち全一的な本質存在の光線なのである。この理想的な人格、もしくは人格化されたイデアは、ただ全一性が個体化されたもので、その個体化されたものそれぞれの内にはその全一性が切り離しがたく共に在る。従って、私たちが愛する対象の理想的な姿を思い描く時には、この姿の下に全一的な本質存在それ自

身が私たちに伝えられるのである。(4)

この哲学者にとって、その「光を放つもの」「全一的な本質存在」は、プラトンの善のイデアのように他に関心なくただ高みで輝く太陽ではなく、また他を動かすが自らは動かぬ不動の動者でもなく、「哀れな友よ」と彼に呼びかけ、関わり来る人格的存在でした。それを示しているのが先の詩と同年の作で、おそらく砂漠での全一体験のあとまもなく書かれた詩です。どこまでが自身の観たものなのか、どこからが創作なのかは不明ですが、それは「私の女王」と呼ぶ天上的な女性の許に七本の柱の壮麗な宮殿がといった表現(5)に始まる無題の詩です。その女王の許にはバラとユリの咲き誇る庭園があり、銀色に照り映える小川が波打つ髪と額を捉えている、しかし彼女はその小川の心地よいせせらぎに耳を傾けず、花に目をくれず、悲しみに満ちた瑠璃色の眼を向けるのは、遠く夜半の辺境で雷と霧と吹雪荒れ狂う中、悪しき力との孤独な闘いに破れ見捨てられた者であったといいます。宝冠を投げ捨て宮殿を後にした女王が、天恵の手をもってその「不信の友」を叩くと、陰鬱な冬の下に隠れていた春が一挙に開花するように全てが輝き出し、静かな慈愛が満ちる中、「友」に向かって静かに語られたとされる言葉です。

私はあなたの意志が海の波のように揺れ動いて定かならぬことを知っています。あなたは私に忠誠を誓いながら…、誓いを破りました。けれど、どうして、自分の裏切りを私の心が見捨てることができましょう(6)?

我と汝の異なりを認めつつも、その区別を超えて尚「自分の」と語り得るような心の域があるとするなら、不信、変節、裏切りを働く人間一人一人の愚かさに対してさえも、それが何かしら「私の」ものでもあるかのように呼びかける全一的な智恵の地平のあることを、この言葉は伝えてくれるように思われます。そして、そのように彼我を単純に同一視することもなく、区別の対置関係だけでもなく、一を超え、二を超える智恵が、東においても西においてもそれぞれの形ながら見いだされるとすれば、人である限りの人が見出し語り出してきたその地平は、今改めて見直すべき時に至っているのではないでしょうか。

注

（1）二〇〇八年に開催された三田哲学会主催慶應義塾一五〇周年記念シンポジウムに由来する論文集『自省する知——人文・社会科学のアクチュアリティー』慶應義塾大学三田哲学会編、慶應義塾大学出版会、二〇一一年。

（2）ソロヴィヨフは先の仏語草稿の一枚目の裏に『ファウスト』第二部の合唱部分を自分流に露語で訳し変えて、「全て移ろいゆくものは／単なる写し絵にすぎない…」等の文言を書き込んでいる。「写し絵」と訳したパドービエ（подобие）は、『創世記』（一・二六）で、神が「我々にかたどり、我々に似せて、人をつくろう（新共同訳）」と記される際のギリシア語エイコーン（かたどり、似像）とホモイオーシス（似姿、類似性）がロシア語訳（образ и подобие）された際の後者、パドービエ（似姿）と同じ語。日本正教会では、このパドービエは「肖」と訳され、人が神に肖《に》ていくプロセスとしての神化には、神の恩恵と共に、人の側からの意志的な努力も必要と考えられている。パドービエには比喩の意味もあり、先のゲーテの神秘的合唱の原文は高橋義孝訳では「全て移ろいゆくものは／永遠なるものの比喩に過ぎず」と訳されている。

（3）Соч., 12, стр. 5. ソロヴィヨフ自身の序文と補足付きの第八版詩集（一九〇〇年刊行）。

（4）Соч., 7, стр. 44-45.

（5）『箴言』第九章の「智恵は自分の家を建て、七つの柱を立て」の言葉が想起される。ロシア正教会では十五、六世紀頃からこの「神の至賢の智恵、ソフィア」をテーマとするイコンが描かれてきており、キエフ様式のソフィアのイコンにはこの『箴言』に由来する七つの柱の家が描かれる。キエフのソフィア聖堂のイコノスタスに配置されるのみならず、他の地域のソフィアと名付けられた聖堂、教会でも神の母マリアの祝祭日に関連して大切にされているイコンながら、神秘体験直後の二二歳のソロヴィヨフがこの詩を書いた頃にソフィアのイコンのことをどれほど知っていたかは不明。明確にノヴゴロド様式のソフィアのイコンについて言及したのは、少なくとも亡くなる三年前の『コントにおける人類の理念』（一八九七）という論稿においてであり、その中で、彼はそのイコンの中の中心像ソフィアを「偉大な存在」、「真の純粋で完全な人類」として語っている。ソロヴィヨフのソフィア論の衣鉢を継いだフロレンスキーは『真理の柱と礎』（一九一四）の中でこのソフィアのイコンについて詳細具体的な叙述を残した。

（6）Соч., 12, стр. 12–13. 一八七五年に作成された「XI」と表記された詩。

あとがき

唯識を教えていただいていた駒沢女子大学の太田久紀先生にソロヴィヨフについて最初にまとめたものをお渡ししたとき、「これからはずっとソロヴィヨフ、ソロヴィヨフと、どこでもいつでも言い続けていくのだよ」と声をかけていただきました。それまで十年以上その理解しづらさに歩みを止めつつ読み継いでようやくまとめたところではあり、もうしばらくはこの難解さから離れていたい、戻るにしても今は別方向にと願っていたところでしたので、それはないかなと思ったものでした。ところが、ふりかえってみると、結局はその一事しか、その名を呟き続けることしかできなかったことを痛感しています。かつて釈尊の教えの場にありながら覚えの悪い周利槃特《しゅりはんどく》を、愚鈍の故に周りに迷惑をかけることを慮った兄が去らせようとした時、釈尊は一本の箒を与え、「大地の塵を払わん、心の垢を除かん」と教えられたといいます。それをもってひたすら教えの庭を掃き続けていた人のように、なぜか出会うことになったロシアの愛智者の名を呟きながら、彼が開墾しようとした神の大地をうろうろとさまよう気配を、先生はその時既に見通しておられたのかもしれません。一本の箒のようにもして、ソロヴィヨフのソフィアの理念とその中道の視点に出会い得たことは幸いなことでしたが、時にその幸いを忘れ、壁と自ら思い描いた障壁を前にして身動きならぬ日々もありました。そのような折に、道しるべとなる光を遠くまた近くで掲げて下さった方々あればこその私の今日ではあります。尊い記憶と共にあるそうした方々の名を多く挙げることはできませんが、ただ三田で学び始めた頃の光明についてのみここに記させていただくなら、それまで聖書すら手にしたことのなかった私の蒙を啓き、一神教世界の畏怖すべき伝承とその深みから立ち上がったキリスト教について、そして、そのキリスト教世界から生まれた諸思想の何たるかを、頭にではなく、心に刻むように、伝えて下さったのは、慶應義塾大学文学部倫理学専攻の大谷愛人先生、小泉仰先生、そして、故三雲夏生先生でした。尽きせぬその学恩には改めて心からの感謝を申し上げておきたいと思います。

今私の傍らには「一色一香無非中道」の掛字がかけられています。二十年前に比叡山坂本の不断念仏で知られる天台真盛宗総本山西教寺の故山本孝圓管主からいただいた『摩訶止観』の中の言葉です。日露の友好を願い設立された協会の会長職をも当時務めておられた山本老師にご縁がつながり訪ねたのは九七年夏でしたが、その折アッシジのフランシスコ会の二人の修道士が老師を訪ねてきておられたことに驚いたものでした。四年後に西教寺と高山寺と聖フランシスコ大聖堂が精神的兄弟提携を結んだと聞きましたので、前もってのその訪問にたまたま居合わせたのかと思いますが、老師とはその後もう一度お目にかからせていただいただけで、詳しいお話を聞くことはかなわぬままとなりました。ただ戦後中部シベリアで抑留のご経験があったとは聞いています。劣悪な収容所で仲間が果てていく年月にどれ程の想いを重ねられたか、またどれほどの歳月をかけてその想いを超え、和解友好への立場を引き受けるに至られたのかを想像するばかりです。相和し難い異なりの故に対立関係にしか考えられないものと共に在り得ることを示そうとされてきた方であれば、キリスト教世界との兄弟関係の仲立ちも果たされたのでしょうか。老師の柔らかく美しい書体による「一色一香無非中道」を見上げる時、今ここの形ある一つのものも、立ち昇る一筋の香りも、中道にあらざるものはないと、中道即法界を伝えてきた大乗の途方もない思索の連なりを思います。

仏教における「中道」については、残念ながら本稿ではその深みに実質的に触れることができませんでした。それについて学びまた論ずることは、私自身の終生の課題であり、またキリスト教についても、特に、カルケドン信経に定まっていった二本性の区別と一致の問題については、その歴史的経緯の詳細と共に、更に考究すべき課題と考えています。

今回は限られた中で、あれもこれもと間口を広げた結果、どちらも中途半端なことにはなりました。が、それでも、東と西のはざまのロシアで智恵について考え尽くした一人の哲学者の存在と、そしてその視座を伝えようとしてみた試みは、読者の方が更に何かを考えるきっかけになり得るかもしれません。そのようなことがもしあるとすれば、望外の喜びではあります。

三田哲学会の助成によって書籍の形とさせていただけたことは有難いことでした。このたびもまた前著に引き続き、慶應義塾大学出版会の片原良子さんに一方ならぬお世話になりました。心より御礼を申し上げます。

谷 寿美（たに　すみ）
慶應義塾大学文学部教授。倫理学、宗教哲学。博士（文学、慶應義塾大学）。著作に『ソロヴィヨフの哲学』（理想社、1990）、『ソロヴィヨフ 生の変容を求めて』（慶應義塾大学出版会、2015）など。

慶應義塾大学三田哲学会叢書
智恵の系譜
ロシアの愛智の精神と大乗仏教

2017年 3 月30日　　初版第 1 刷発行

著者――――谷 寿美
発行――――慶應義塾大学三田哲学会
　　〒108-8345　東京都港区三田2-15-45
　　http://mitatetsu.keio.ac.jp/
制作・発売所――慶應義塾大学出版会株式会社
　　〒108-8346　東京都港区三田2-19-30
　　TEL〔編集部〕03-3451-0931
　　　〔営業部〕03-3451-3584〈ご注文〉
　　　〃　　03-3451-6926
　　FAX〔営業部〕03-3451-3122
　　振替　00190-8-155497
　　http://www.keio-up.co.jp/
装丁――――耳塚有里
組版――――株式会社キャップス
印刷・製本――中央精版印刷株式会社
カバー印刷――株式会社太平印刷社

Printed in Japan　ISBN978-4-7664-2417-1

「慶應義塾大学三田哲学会叢書」の刊行にあたって

ars incognita

このたび三田哲学会では叢書の刊行を行います。本学会は、1910年、文学科主任川合貞一が中心となり哲学専攻において三田哲学会として発足しました。1858年に蘭学塾として開かれ、1868年に慶應義塾と命名された義塾は、1890年に大学部を設置し、文学、理財、法律の3科が生まれました。文学科には哲学専攻、史学専攻、文学専攻の3専攻がありました。三田哲学会はこの哲学専攻を中心にその関連諸科学の研究普及および相互理解をはかることを目的にしています。

その後、1925年、三田出身の哲学、倫理学、社会学、心理学、教育学などの広い意味での哲学思想に関心をもつ百数十名の教員・研究者が集まり、相互の学問の交流を通して三田における広義の哲学を一層発展させようと意図して現在の形の三田哲学会が結成されます。現在会員は慶應義塾大学文学部の7専攻（哲学、倫理学、美学美術史学、社会学、心理学、教育学、人間科学）の専任教員と学部学生、同大学院文学研究科の2専攻（哲学・倫理学、美学美術史学）の専任教員と大学院生、および本会の趣旨に賛同する者によって構成されています。

1926年に学会誌『哲学』を創刊し、以降『哲学』の刊行を軸とする学会活動を続けてきました。『哲学』は主に専門論文が掲載される場で、研究の深化や研究者間の相互理解には資するものです。しかし、三田哲学会創立100周年にあたり、会員の研究成果がより広範な社会に向けて平易な文章で発信される必要性が認められ、その目的にかなう媒体が求められることになります。そこで学会ホームページの充実とならんで、この叢書の発刊が企図されました。

多分野にわたる研究者を抱える三田哲学会は、その分、多方面に関心を広げる学生や一般読者に向けて、専門的な研究成果を生きられる知として伝えていかなければならないでしょう。私物化せず、死物化もせずに、知を公共の中に行き渡らせる媒体となることが、本叢書の目的です。

ars incognita　アルス インコグニタは、ラテン語ですが、「未知の技法」という意味です。慶應義塾の精神のひとつに「自我作古（我より古を作す）」、つまり、前人未踏の新しい分野に挑戦し、たとえ困難や試練が待ち受けていても、それに耐えて開拓に当たるという、勇気と使命感を表した言葉があります。未だ知られることのない知の用法、単なる知識の獲得ではなく、新たな生の技法（ars vivendi）としての知を作り出すという本叢書の精神が、慶應義塾の精神と相まって、表現されていると考えていただければ幸いです。

慶應義塾大学三田哲学会